Abbildungsverzeichnis

Disclaimer / Haftungsausschluss

Das vorliegende Taschenbuch dient ausschließlich Informationszwecken. Alle hier verwendeten Informationen, Daten oder Meinungen stammen aus Quellen, die der Autor aus eigener, subjektiver Anschauung zum Zeitpunkt der Erstellung als zuverlässig, vertrauenswürdig und/oder angemessen erachtet habe.

Der Autor übernimmt keine Gewähr für die Vollständigkeit, Korrektheit oder Qualität der vorliegenden Informationen. Hinsichtlich der Inhalte verknüpfter Webseiten Dritter übernimmt der Autor und Herausgeber keine Haftung. Der Autor und Herausgeber hat insoweit keinen Einfluss auf die Inhalte externer Webseiten Dritter und distanziert sich von diesen, sollten diese nicht mehr ihrem ursprünglichen Inhalt zum Zeitpunkt der Fertigstellung 20.02.2018 dieser Publikation entsprechen.

Die Veränderungen der dieser Publikation zugrunde gelegten Daten können Einfluss auf die gemachten Einschätzungen, Prognosen oder Kursentwicklungen haben.

Die in dieser Publikation gemachten Aussagen stellen unter keinen Umständen eine Aufforderung zum Kauf oder Verkauf eines Wertpapiers, einer Option, von Optionsscheinen oder sonstigen Finanzinstrumenten dar. Die Studien, Kommentare, Einschätzungen, Meinungen, Darstellungen oder sonstige Angaben des Autors entsprechen keiner Anlageberatung.

Jede Investition in Wertpapiere ist mit Risiken behaftet, die zum Teil- oder Totalverlust führen können oder darüber hinaus. Käufe oder Verkäufe von Wertpapieren dürfen nicht auf Grundlage dieses Taschenbuches gemacht werden. Investitionsentscheidungen sollten stets nach vorangegangener und eingehender Beratung durch einen zertifizierten und professionellen Anlageberater erfolgen. Grundsätzlich sollten Wertpapierkäufe nicht kreditfinanziert werden. Jeder Investor/in ist angehalten, vor dem Kauf eines Wertpapiers selbständig zu recherchieren und fachkundigen Rat einzuholen.

Dieses Taschenbuch darf vom Bezieher/in nicht reproduziert oder an dritte Personen weitergegeben werden. Dieser Haftungsausschluss unterliegt dem Gesetz der Bundesrepublik Deutschland.

Impressum

Auflage 1

Herausgeber: Florian Müller

Mittlerer Hasenpfad 39

60598 Frankfurt am Main

Email: info@florian-mueller-business.de

Druck: Amazon Media EU S.à r.l., 5 Rue Plaetis, L-2338, Luxembourg

ISBN: 9781980293491

Vorwort

In meiner fast zehnjährigen Karriere im Finanzsektor habe ich einige interessante Stellen durchlaufen. Angefangen im Research und Handel bei einer schnell wachsenden, unabhängigen Vermögensverwaltung bis über das Portfoliomanagement, Marketing, die Kundenbetreuung wohlhabender Kunden und den Vertrieb konnte ich alle Stationen im Finanzsektor abdecken und mich weiterentwickeln. Da ich meine Stationen gezielt gesucht hatte und wissbegierig bin sowie eine intrinsische Motivation aufweise, habe ich als Beobachter viel mitnehmen können. Diese Stationen bei einem Arbeitgeber dauerten nie länger als zwei Jahre. Ich konnte Schwächen und Stärken schnell erkennen, Zusammenhänge verstehen und weiß mittlerweile durch meine gute Vernetzung im Finanzbereich in Frankfurt mit den Fintechs und Robo Advisors (digitale Vermögensverwaltung) und meine Tätigkeit als Blogger, wo die Reise in der Finanzbranche ungefähr hingeht. Diese Tendenzen möchte ich in diesem Buch nahebringen. Ich habe mich sukzessive weitergebildet, kenne von der Pike auf die Unternehmensbewertung von Aktien, habe mich im Marketing und Portfoliomanagement bewährt und im Vertrieb den Feinschliff und direkten Kundenkontakt kennengelernt.

Alle Stationen waren hilfreich und ein Mehrwert für meinen derzeitigen Stand in der Finanzwelt. Ich habe die ganzen festgefahrenen Strukturen, hierarchischen Denkweisen, mangelnde Flexibilität und Ignoranz kennengelernt. Als Ausgleich und um meine Kreativität ausleben zu können, habe ich angefangen zu schreiben und dies als Passion für mich entdeckt. Meine Autorenseite mit sämtlichen Büchern, die ich per Selfpublishing mit Amazon veröffentlicht habe, geben auch einen groben Einblick über meine Arbeit als Schriftsteller. Ziel dabei ist es, dem vermeintlich aufgeklärten Privatanleger Hilfestellung bei der Strukturierung seiner Finanzen zu geben, sodass er sich eine passive Einnahmequelle aufbauen und die finanzielle Unabhängigkeit erreichen kann. Man benötigt hierfür das kreative Mindset und mentale Stärke - dann macht die Geldanlage sogar Spaß. Kontinuierliches Sparen ist, wenn man Beharrlichkeit, Ausdauer und Disziplin besitzt, gar nicht so schwer

Abbildung 1: Amazon Autorenseite[1]

Zudem bekommen Sie als Leser Insiderinformationen und Zusammenhänge erklärt, die Sie in keinem anderen Buch bekommen. Ein solides Netzwerk ist in Frankfurt oberstes

---

1 *Quelle: https://www.amazon.de/Florian-M%C3%BCller/e/B019OMR2R8/ref=dp_byline_cont_book_3*

Gebot, um in der Finanzbranche erfolgreich zu sein. An dieser Stelle möchte ich ganz besonderes zwei Personen danken, die für mich als Mentoren bislang tätig waren. Einerseits Gerald Hörhan, der mir bei vielen persönlichen Treffen immer wieder hilfreiche Tipps mit auf den Weg gab. Andererseits konnte ich als rechte Hand von Florian Homm mein Know How in finanziellen Themen enorm erweitern. Ich kenne ihn als Person mittlerweile sehr gut und habe auch an den Büchern „Die Kunst des Leerverkaufes" und „Erfolg im Crash" mitwirken dürfen. Dies war seit ein paar Monaten lang Bestseller bei Amazon in den Kategorien „Kosten & Controlling" sowie „Bankwesen & Börse". Bei Erfolg im Crash geht es um das erste Buch, welches Absolute Return- oder sogenannte Long-Short Strategien offeriert, die es erlauben, auch bei schlechter Marktentwicklung zu profitieren.

Abbildung 2: Die Kunst des Leerverkaufes[2]

Abbildung 3: Erfolg im Crash[3]

---

[2] *Quelle: https://www.amazon.de/Die-Kunst-Leerverkaufes-Pflicht-lekt%C3%BCre-professio-nelle/dp/152124720X/ref=tmm_pap_swatch_0?_en-coding=UTF8&qid=&sr=*

[3] *Quelle: https://amazon.de/Erfolg-Crash-konkreten-Anlageideen-profi-tie-ren/dp/152194606X/ref=la_B019OMR2R8_1_1?s=books&ie=UTF8&qid=1501962980&sr=1-1*

Seine brillanten Analysetechniken und sein Background einer 30-jährigen erfolgreichen Expertise als Hedgefonds-Manager in den USA zeichnen „Florian Homm" definitiv als Finanzexperten aus.

Auch möchte ich in diesem Buch ein eigenes neues Projekt ankündigen und zwar meinen Neuentwurf des Portals für digitale Vermögensverwalter www.robovergleich.de. Hier werde ich der schnell wachsenden Branche der digitalen Vermögensverwalter eine Plattform anbieten, sich und ihre Produkte transparent darzustellen. Besondere Fragestellungen werden wohl sein, wie Robo Advisor und deren Algorithmen genau funktionieren? Wie hoch die Gebühren sind? Was sind Vor- und Nachteile der Robo Advisor und Algorithmen im Hintergrund? Was gibt es für verschiedene Strategien etc.? Des Weiteren sollen die Fintech-Firmen hier die Möglichkeit bekommen, ihre Blogbeiträge regelmäßig durch RSS Feeds zu präsentieren und damit ihre Kommunikation nach außen hin zu stärken. Einige Überraschungen habe ich parat und einen Einblick in die Bloggercommunity im Finanzsektor zu geben und wie man zusammenarbeitet, Projekte und Synergien entwickelt sowie einen Mehrwert aus Kooperationen erzielt. Einige Blogger, die damit schon recht viel Geld verdienen und davon leben, habe ich auch als Interviewpartner und Gastautoren in diesem Buch gelistet. Ihre Erfahrungen, wie man ein Onlinebusiness im Finanzbereich aufzieht, werden durch einzelne Gesprächspartner aus der Szene aufgezeigt. Ich bin bei weitem nicht daran interessiert, hier großartig Werbung zu machen für einzelne Dienstleistungen aus der Finanzbloggerszene. Ich stehe auch in keinerlei Interessenskonflikt und habe auch keine monetäre Zuwendung bekommen. Die erwähnten Bloggerkollegen und Firmen von Robo Advisor habe ich gebeten, objektive Gastartikel zu verfassen um einen Mehrwert für den interessierten Leser zu liefern. Die Artikel vertreten die subjektive Meinung der jeweiligen Personen. Wer mich persönlich kennt, weiß, dass ich immer gewillt bin, Klartext zu reden und gerne praktische Sachverhalte an den Mann oder die Frau weitergebe.

Zusätzlich habe ich eine neue Landing Page www.florian-mueller-business.de aufgesetzt, um meine eigene Marke besser zu positionieren und zu vermarkten. Hier biete ich zukünftig verschiedene Dienstleistungen an: Zum einen kann ich als Speaker gebucht werden. Die Themen, über welche ich referieren kann, sind breit gefächert. Finanzthemen (finanzielle Freiheit, Geldanlage in der Moderne, Vermögensaufbau, Börsengeschehen und mentales Mindset, disruptive Technologien und der digitale Wandel in der Finanzbranche). Als Autor habe ich mittlerweile viel Erfahrung gesammelt und kann dieses Wissen weitergeben. Speziell als Selfpublisher bei Amazon kenne ich mich mit den entsprechenden Formatierungen aus, kann bei der Gestaltung des Covers und des Preises behilflich sein. Also alles, was mit einer Buchveröffentlichung an Arbeit verbunden ist. Keyword-Optimierung sowie eine gezielte Pre-Marketing Aktion vor Veröffentlichung des Buchwerks ist ein ebenfalls essenzieller Faktor und Erfolgsgarant bei einer Buchveröffentlichung über Amazon. Eine weitere Dienstleistung, welche ich offeriere, ist das Korrektorat und Lektorat. Als Finanzcoach kann ich Hilfestellungen beim Entwickeln des richtigen Mindset geben, um langfristig eine optimale Ausgangsposition zu haben, sich ein Vermögen mit Aktien aufzubauen. Zudem kann ich Ihnen zeigen, wie man sich sehr einfach neue passive Einnahmequellen sukzessive aufbaut. Dies ist im digitalen Zeitalter nicht sehr schwer, man kann mit der dazugehörigen Einstellung schnell und komfortabel online Geld verdienen. Webinare sind Onlineseminare, die mit einer speziellen Software schnell initiiert werden können. Dieser Kommunikationskanal erfreut sich steigender Beliebtheit, da ein Webinar vollkommen ortsunabhängig stattfinden kann. Die Teilnehmerzahl ist praktisch unbegrenzt. Im Bereich Business Development (im engeren Sinne Geschäftsstrategieentwicklung für Finanzdienstleistungsunternehmen) kann ich aus meiner praktischen Erfahrung als Blogger hilfreiche Tipps geben, wie man sein Know How in der Kommunikation, beim Corporate Branding und der Corporate Identity in der viralen und digitalen Welt optimal und effizient nutzt. In diesen Bereichen habe ich Erfahrung und kann diese gezielt weitergeben. Einerseits möchte ich Finanzdienstleistungsunternehmen, Banken und Vermögensverwaltern helfen, ihr Businessmodell neu zu überdenken und zukunftsfähig zu machen, andererseits macht es mir Spaß, gemeinsam Projekte zum Erfolg zu führen.

Ich wünsche den Lesern viel Spaß bei der Lektüre und hoffe, ein Verständnis für die Zusammenhänge in der Finanzbranche vermitteln zu können. Für sämtliche Anregungen und Fragen können Sie mir gerne eine Mail zukommen lassen an info@florian-mueller-business.de.

Für weitere Informationen können Sie sich gerne in den kostenlosen Newsletter auf www.florian-mueller-business.de eintragen. Hier bekommen Sie auch immer aktuelle

Informationen zu sämtlichen Themen rund um den Kapitalmarkt und meinen anderen Projekten.

Der Autor, Februar 2018

1 Einführung

1.1 Status Quo in der Finanzbranche

Dieses Buch ist an eine Vielzahl von Lesern gerichtet: Privatanleger, professionelle Investoren, (Wirtschafts-) Studenten, Professoren, Journalisten, Analysten, Banker, aber auch andere, die sich für die Entwicklung der Finanzbranche im digitalen Zeitalter interessieren.

Ich fange mit einem Zitat von Bill Gates an, dem Gründer von Microsoft, der vor über 20 Jahren sagte:

„Banking is necessary, Banks are not." (1994)

Dieser Spruch dürfte damals in den Vorstandsetagen der deutschen Banken in Frankfurt für grölendes Gelächter gesorgt haben. Doch eines hatte Bill Gates früh erkannt: Die Möglichkeiten und die Macht der Digitalisierung wird sich auch im Bankensektor zeigen. Mittlerweile verfügt fast jeder Haushalt in Deutschland über einen Internetzugang und ist digital vernetzt. In dieser digitalen Transformation wird sich zukünftig auch ein Wandel in der Gesellschaft vollziehen. Die junge Generation, auch als Digital Natives bezeichnet, hat eine andere, eine selektive Wahrnehmung von Informationen als die ältere Generation. Die Jugend von heute ist bestens vernetzt und beherrscht die neuen Medien perfekt. Es wird sekundenschnell kommuniziert. Blitzschneller Informationsaustausch und eine immer komplexere Welt sind der Nährboden für technischen Fortschritt. Dieser Fortschritt vollzieht sich mittlerweile rasend schnell.

Die jungen Kunden erwarten auch im Finanzdienstleistungssektor innovative Konzepte und Erlebniswelten. Sie wollen mit einer Story, einer interessanten App, einem unkomplizierten Dashboard und einer übersichtlichen Struktur über ihre Finanzen überrascht werden! Was meine ich damit? Die Vorreiter der Big Data Companys aus den USA wie Facebook, Amazon, Apple, Netflix und Google überraschen ihre Kunden, halten sie bei Laune und erzeugen ein regelrechtes Wohlfühlklima für den Endkunden. Einige Beispiele sind digitale Sonderfeatures, einfache Bedienbarkeit, extra Schmankerl oder Bonusmaterialien, die den Kunden zufriedenstellen. Big Data hat unendlich viele Datensätze von uns als Verbraucher und somit die Macht, uns mit ihren Programmen zu steuern und zum Konsum zu bewegen. Die Macht des „Onlinemarketings" wird hierbei optimal genutzt. Wer die Datensätze von zig Millionen Kunden hat, kann damit ordentlich Geld verdienen und seine Marktposition stärken und ausbauen.

Im Gegensatz dazu sind viele Banken mit anderen Themen rund um sich verschärfende Vorschriften und steigenden Anforderungen hinsichtlich der Compliance befasst. Aufgrund des schwierigeren Marktumfelds durch kontinuierlich steigende Regularien und starken Wettbewerb kommen unruhige Zeiten auf die Banken- und Versicherungsbranche zu. Es braucht kreative Köpfe um die Probleme zu lösen. Die Bankbranche muss sich in einem atemberaubenden Tempo neu aufstellen. Einerseits verdienen die Banken aufgrund der Niedrigzinspolitik mit dem klassischen Kreditgeschäft nicht mehr viel Geld und andererseits kommen sie mit dem Tempo der Digitalisierung und Social Media Kanälen wie Facebook, Twitter, YouTube, Instagram, LinkedIn,

Google und Snapchat nicht mehr mit oder wissen nicht, diese Portale zu ihren Gunsten zu nutzen. Diese Unternehmen und schnell wachsenden Technologiefirmen haben die USA derweil fest im Griff. Mit einer zeitlichen Verzögerung von 3-5 Jahren werden diese Social Media Kanäle unabdingbar sein, um mit Interessenten und Kunden zu kommunizieren. Diese Marketingkanäle sind für die Jugendlichen im Alter zwischen 14-30 Jahren mittlerweile dauerhaft im Einsatz. Sie dienen einerseits als Informationsquelle und andererseits zur Interaktion mit Freunden und Bekannten. Wenige Firmen haben erkannt, dass man auch als Company in diesen Medien vertreten sein muss, um sich hinsichtlich „Corporate Branding" zu positionieren und sich potenzielle Kunden aufzubauen und sie langfristig zu binden. Diese Kanäle werde ich en detail in einem späteren Kapitel durchleuchten.

Derweil baut sich im Gegenzug zu den klassischen Banken eine ganze Armada von Fintechs (Financial Technology - Unternehmen) auf, die das ganze bisherige Konstrukt in der Bankenlandschaft zu verändern versuchen und neue Geschäftsfelder anstreben. Die meisten geben Vollgas und wollen mit aller Macht in den Markt drängen. Sie sind jung, dynamisch, selten hierarchisch geprägt und können blitzschnell agieren und sich Marktgegebenheiten anpassen. Zeit spielt heutzutage eine wichtige Rolle. Hat man ein Wettbewerbsvorteil in einem gewissen Segment, kann man schnell die Vorherrschaft aufbauen und sich einen USP gegenüber Mitbewerbern verschaffen. Man nennt dies auch den „First Mover Advantage". Also eine Nische, in der ich mich, meine Firma und meine Dienstleistung als erstes platziere und ein gewisse Nachfrage auch vorhanden ist.

Ein Oberbegriff lautet hier: **Disruptive Technologie**[4]: Diese nutzen Unternehmen, die eine bestehende Technologie, ein Produkt oder eine Dienstleistung möglicherweise komplett verdrängen. Solche Unternehmen sprießen derzeit wie Pilze aus dem Boden, sind innovativ, zweifeln bestehende Strukturen stark an und bieten eine ganze Palette von Online Lösungen im Endkundenbereich. Stichworte wie Robo Advisor, Blockchain Technologie und digitale Lösungen im Bereich der Vermögensanlage sind hier maßgebliche Treiber im technologischen Fortschritt. Sie sind schnell, agieren zügig, haben durch ihre flachen Hierarchien und schnelle Kommunikation eine große Kraft und Durchdringung. Sie wachsen rasant und suchen Kooperationen mit digitalen Konzeptträgern. Die meisten bauen sich sukzessive Follower über Instagram, Abonnenten über YouTube und „Gefällt mir"- Likes über Facebook auf. Sie haben Fanpages und sind sehr agil in der Außenkommunikation. Agieren schnell, authentisch und unverfroren und machen sich die Social Media Kanäle zu ihren Nutzern und besten Freunden. Stichwort hierbei ist: Multichannelmanagement. Dies bedarf einer konsequenten Umsetzung, um bedarfsgerechte Produkte und Services zu konzipieren und letztlich dem Interessenten und Kunden anzubieten. Die neue Finanzgeneration, zu die ich mich ebenfalls zähle, trägt selten Anzug, sondern gibt sich auch mal sehr authentisch mit

[4] *Quelle: https://de.wikipedia.org/wiki/Disruptive_Technologie*

casual Kleidung zufrieden. Dies wird auch auf Privatkundenveranstaltungen und Messen so gehandhabt. Wohingegen die großen Banken in ihren festgefahrenen Strukturen verharren, an einem bestehenden uralten IT-System herumpfuschen, unflexibel sind und aufgrund der Hierarchiestruktur dem Tempo der Neuzeit nicht mehr hinterherkommen. Hier werden Millionen, wenn nicht sogar Milliarden an Beratungsgeldern rausgeschmissen, anstatt auf einer grünen Wiese etwas komplett Neues aufzubauen. Die Gelder werden stattdessen sinnlos für horrende Stundensätze von großen Beratungsfirmen verbrannt.

Quintessenz der ganzen Thematik wird sein, dass sie den Anschluss in die neue digitale Welt der Bankenbranche verschlafen und zukünftig nicht mehr wettbewerbsfähig bleiben werden. Dies hat zur Folge, dass sie Kooperationen mit Fintechs, Bloggern und Robo Advisor eingehen müssen. Den Interessenten im Internet abzuholen und zum Kunden werden zu lassen, das haben die jungen, neuen, wilden und bis an die Haarwurzel motivierten Typen der neu heranwachsenden Finanzbranche verstanden.

Wie gehen die Banken mit diesen jungen Firmen um und wie werden diese innovativen Fintechs von der Bankenwelt wahrgenommen? Dies wird im späteren Kapitel durch Firmenentscheider von führenden Fintech Unternehmen in Deutschland beantwortet. Zudem natürlich auch durch die Finanzbloggerszene, in der ich mich mittlerweile auch sehr wohl und gut aufgehoben fühle. Das neue Credo heißt hier Miteinander und nicht gegeneinander. Ein ganz neuer Sinneswandel in dieser Branche. Nach dem Spruch „Gemeinsam sind wir stark" wird hier zusammengearbeitet. Dies lässt wahrlich auf eine transparentere und ehrlichere Art und Weise und Umgang mit dem Endkunden hoffen. Nicht umsonst haben bis dato „Banker" ein miserables Ansehen in der Bevölkerung. Verschleierte und intransparente Produkte mit einem viel zu hohen Kostenpart und wenig Gegenleistung stehen dem nämlich als Pendant gegenüber. Zudem ist mir die Atmosphäre eines kühl wirkenden Konferenzraums in einer Bank immer schon suspekt gewesen. Ein neuer Pepp muss reinkommen, die Authentizität der Person sollte nicht durch ein äußeres Erscheinungsbild geprägt sein, vielmehr durch Kompetenz und nicht den ausschließlichen Vertrieb hauseigener Produkte. Elementares Stichwort ist das Thema „Transparenz" und Diskussionsoffenheit.

Hier eine interessante Grafik, wie mittlerweile 60 Sekunden im Internet standardmäßig verlaufen mit den verschiedenen Programmen und welche Unternehmen bevorzugt genutzt werden.

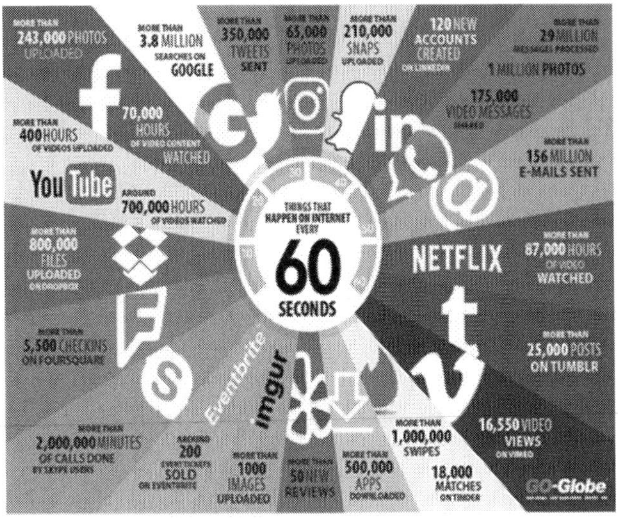

Abbildung 4: Zeitablauf von 60 Sekunden im Internet einer Privatperson in den USA[5]

Hier sind viele bekannte Unternehmen dabei wie Facebook, Google, Instagram, Skype, Twitter, LinkedIn, Whatsapp und Snapchat, die den meisten auch bekannt sein müssten. Quintessenz der ganzen Thematik um Big Data muss es sein, diese Kanäle optimal und effizient im Sinne der Firmenpolitik einzusetzen und regelmäßig mit Content und

---

[5] *Quelle: https://priorprobability.com/2017/09/25/visualization-of-big-data/*

Bildern zu pflegen. Dafür gibt es bereits etliche Stellen mit der Ausschreibung „Social Media Manager/-in", welche hier ihre Kompetenzen haben. Das Gute an diesen Kanälen ist die perfekte Auswertung im Hintergrund an Informationen, die man dadurch erhält. Eine Marketingkampagne auf Facebook oder Google kann optimal auf Effizienz hin ausgewertet werden sowie jederzeit beendet oder erweitert werden. Dies ist eine richtige Kampfansage an die bestehenden Kommunikationskanäle der Banken, welche meistens noch meilenweit davon entfernt sind, wie man dieses Thema richtig aufgreift. In diesem Zusammenhang muss man das Thema Onlinemarketing neu bewerten und ihm einen höheren Stellenwert zuordnen. Das Verständnis fehlt hier oft total und die Chancen, die sich dadurch ermöglichen, sind noch nicht auf dem Schirm in den Vorstandsetagen angekommen. Derweil zeichnet sich nämlich eine dramatische Entwicklung an, was das Thema Bankfilialen betrifft. Offen zu sein für Veränderungen und auch den Freiraum zu bekommen, neue Dinge in der Firma im Rahmen seiner Möglichkeiten zu gestalten, ist oberste Prämisse. Dem wird aber vom mittleren Management und den Vorständen oft ein Riegel vorgeschoben. Der Zielkonflikt ist hierbei eindeutig: Es wird gesehen, dass etwas getan werden muss, aber die Kompetenz, wie man an dieses Thema rangeht ist nicht gegeben. Demgegenüber stehen junge motivierte Mitarbeiter die vielleicht eine Idee hätten, wie man diese Themen behandelt, denen aber kein Gehör geschenkt wird. Die Offenheit des gegenseitigen Lernens und Vorankommens in der Lernkurve der Banken gibt es oft noch nicht. Die Arbeitskultur ist im Bankensektor immer noch schlecht und deutlich verbesserungsfähig. Der Wandel muss aber zwangsläufig stattfinden, um den Wandel mit zu vollziehen. Ansonsten verliert man blitzschnell Marktanteile, wird überrollt und kann ganz schnell auch weg sein vom Markt.

1.2 Filialsterben erst der Anfang?

Nach und nach sterben die einzelnen Bankfilialen aus, da sie nicht mehr profitabel wirtschaften. Eine Sparkassen- und oder Volksbankfiliale verursacht immense Kosten wie Miete, das Bankpersonal vor Ort, Strom, Gebühren etc. Diese Kosten werden durch das klassische Bankgeschäft nicht mehr hereingeholt. Viele Dinge lassen sich heutzutage leicht outsourcen. Ergo werden immer mehr Filialen geschlossen und dies ist erst der Anfang einer riesigen Welle, die auf uns zukommt. Zudem erschwert die Niedrigzinsphase es den Banken, noch richtig Geld zu verdienen. Die klassischen Berufe wie Bankkaufmann/Bankkauffrau werden sukzessive ausgedünnt. Wer heute noch eine solche Ausbildung startet, wird zukünftig keinen interessanten Job mehr haben. Man sollte sich eher mit seiner Passion beschäftigen, mit einem Blog und hochwertigen Content starten und sich sukzessive eine Leserschaft in seinem individuellen Nischenthema aufbauen. Eine gewisse IT Affinität ist hierbei von Vorteil. Big Data heißt das neue Zauberwort. Zusätzlich kann man sich durch virale Präsenz in der Onlinewelt einen „Namen" machen und sich ein Renommee aufbauen. Ziel muss es sein, sich über einen YouTube Chanel, eine Emailadressdatenbank Follower aufzubauen und sich als Experte in einem Nischenthema zu platzieren.

Selbstverständlich muss aber die Kompetenz von vornherein vorhanden sein, sie ist der Ausgangspunkt einer strategischen Planung. Junge Leute sind affin gegenüber Onlinebanken und brauchen keinen Bankschalter mehr, um sich mit einem Bankmitarbeiter zu unterhalten oder Transaktionen durchzuführen. Erkundigen kann sich der Verbraucher über das Internet und deren verschiedene Portale. Unabhängige Informationen findet man heutzutage zur Genüge, um sich ein objektives Bild zu der gewünschten Thematik zu verschaffen. Zudem gibt es mittlerweile über 100 Finanzblogger in Deutschland, die jedwede Themen in Form von Artikeln, Podcasts und oder YouTube Videos erklären und ausführlich besprechen. Hier ist ein enormes Potenzial vorhanden, um sich dauerhaft eine Leserschaft und Interesse zu erwecken und sich ein Online Business aufzubauen.

Nun zu den Fakten um das Filialsterben. Bis zum Jahr 2020 werden weitere Filialen geschlossen. Schätzungen gehen von weiteren rund 3.000 Schließungen[6] auf rund 32.500 Fi-

[6] *Quelle: http://www.focus.de/finanzen/banken/tid-32947/filialsterben-in-deutschland-der-lange-abschied-von-den-dorf-sparkassen-so-viele-filialen-werden-noch-schliessen_aid_1072882.html*

lialen aus. Im Jahre 2000 waren es noch rund 57.000 Bankfilialen[7]. Ich persönlich gehe sogar von einer noch schnelleren Schließungsrate aus. Vornehmlich in ländlichen Gegenden werden die Sparkassen und Raiffeisen-Banken ihre Stellung aufgeben müssen. Zurück bleibt dann höchstens nur ein Bankautomat zum Geldabheben. Speziell für ältere Leute, die vielleicht nicht mehr so mobil und flexibel sind, wird sich das Besorgen von Bargeld als eine Herausforderung darstellen. Wobei das Thema Bargeld und dessen Abschaffung ja auch kontinuierlich weiter vorangetrieben wird. Die Tendenzen hinsichtlich einer komplett bargeldlosen Welt verschärfen sich. 2017 sind nun auch beim Edelmetallkauf erste Schranken eingeführt worden. Hier ist nach dem neuen Geldwäschegesetz die Obergrenze für den anonymen Kauf von Edelmetallen von 15.000€ auf 10.000€ heruntergesetzt worden. Die jungen Leute schließen heutzutage fix ein Onlinekonto inklusive hochmoderner App ab. Via Videoidentverfahren kann man dies problemlos von daheim aus eröffnen. Man benötigt hierzu nur eine funktionsfähige Kamera, die mittlerweile in fast jedem Laptop vorab integriert ist. Meistens sind hier auch die Kosten geringer,

---

[7] *Quelle: http://www.focus.de/finanzen/banken/tid-32947/filialsterben-in-deutschland-der-lange-abschied-von-den-dorf-sparkassen-so-viele-filialen-werden-noch-schliessen_aid_1072882.html*

oftmals ist es sogar kostenlos und man hat auch immer einen Ansprechpartner bei etwaigen Problemen rund um das Konto. Die Online Masken sind moderner und übersichtlicher gestaltet, meistens auch deutlich informativer und mit den wesentlichen Bestandteilen auf einen Blick ersichtlich. Zudem bevorzugt die junge Generation die Barzahlung immer weniger und mag Kartenzahlung.[8]

Die Welt verändert sich rasend schnell in der Finanz- und Versicherungsbranche. Viele klassische Banken haben dies verschlafen und können den Anforderungen an die neue Welt nicht mehr standhalten. Zudem in Zeiten niedriger Zinsen verdienen die Banken weniger Geld durch das klassische Kreditgeschäft. Dies erschwert zusätzlich das Bankgeschäft. Sie müssen nun auch Kredite an Privathaushalte mit geringer Bonität vergeben. Zudem werden mittlerweile etliche Wohnungs- und Hauskäufer in einen möglichen Ruin getrieben, indem Kredite mit 0% Eigenkapitaldeckung gewährt werden. Das Risiko ist immens, dass ein Teil dieser Kredite notleidend wird und langfristig nicht bedient werden kann.

Ich schätze, dass es in fünf bis zehn Jahren etliche Immobilien günstiger zu erwerben gibt, als es derzeit der Fall ist.

---

[8] *Quelle: https://www.financezweinull.de/banken-und-die-generation-y-empfehlungen-in-2-aspekten-aspekt1/*

Die selektive Blase an den Kapitalmärkten und bei den Immobilien speziell in Ballungsgebieten ist unübersehbar vorhanden.[9] Dies ist aber ein globales Phänomen und durch das billige Drucken von Geld durch die Zentralbanken entstanden. Ein neuer Bericht von der UBS[10] zeigt die demographischen Fehlentwicklungen der weltweiten Immobilienpreise recht deutlich. Hinzu kommt, dass etliche Privathaushalte bis zum Anschlag mit den monatlichen Zinsen und Tilgungsraten ihrer Kredite belastet sind. Erschwerend ist, dass die Digitalisierung in den nächsten 5-10 Jahren voll durchschlagen wird und rund 10-30% der Arbeitsplätze wegfallen werden. So meine düstere Prognose. Dann könnten aufgrund von Arbeitslosigkeit die Kredite und Hypotheken nicht mehr bedient werden. Dann werden viele Immobilien per Zwangsversteigerung günstig zu kaufen sein. Aber dies nur am Rande erwähnt. Die Überhitzung durch das billige Geld ist global gesehen derzeit ein großes Problem und verursacht die „Everything Bubble" Blasen weltweit.

---

[9] *Quelle: https://www.welt.de/wirtschaft/article164603530/IWF-warnt-vor-einer-Immobilienblase-in-Deutschland.html*

[10] *Quelle: https://www.ubs.com/de/de/wealth-management/insights/global-bubble-index.html*

1.3 Kommunikationskanäle der Zukunft

Das klassische Vier-Augen Gespräch etwa von Banker und Kunde fällt zunehmend weg und wird durch die virtuelle Welt, Youtube, Skype-Telefonate, Webinare, Seminare, Facebook Live Messanger und Emailnewsletter ersetzt. Diese Kommunikationskanäle nutze ich heute schon größtenteils geschäftlich und privat. Zu den einzelnen Kanälen:

1) Youtube: Immer mehr gewinnt Youtube als Marketingkanal an Bedeutung. Die virale Videoübertragung wirkt authentisch und man kann damit viele Informationen transportieren, der Zuschauer kann-Mimik und Gestik der jeweiligen Person interpretieren, der Absender Sachverhalte klar vermitteln. Zudem kann man sich durch Abonnenten eine Leserschaft, eine treue Community aufbauen. Ein weiterer Vorteil ist es, dass man auch seine anderen eigenen Produkte dort bewerben kann. Man sollte im regelmäßigen Zyklus Videos zu aktuellen Themen wiedergeben und am besten mindestens ein Video pro Woche posten. Eminent wichtig ist dabei der richtige Auftritt, sprich Ton, Hintergrund und Qualität des Videos sind von größter Bedeutung. Die Professionalität sollte von Anfang an gegeben sein, was auch die Themen und Inhalte betrifft Ein Redaktionsplan sollte im besten Fall drei Monate im Voraus geplant sein, mit aktuellen Themen in seinem speziellen Genre. Wichtig am Anfang ist auch die virale Verbreitung der Videos, um weitere Abonnenten zu gewinnen und langfristig an den Kanal zu binden.

2) Skype-Telefonate: Hier kann man einen virtuellen Termin vereinbaren und mit mehreren Teilnehmern via Internettelefonie kostenlos sogar mit Kamerafunktion in Kontakt treten. Ein Vorteil ist die bildliche Darstellung bei Meetings. Ich nutze Skype für den schnellen Austausch und die Planung von Konzepten sowie der Aufgabenverteilung. Skype hat viele Vorteile, da man lediglich ein konstant angebundenes WLAN Netz braucht, um sich mit anderen Personen weltweit und ortsunabhängig auszutauschen. Zudem sieht man sein Gegenüber live an Ort und Stelle und kommuniziert viral mit dieser Person.
Weitere Vorteile sind: schneller unkomplizierter Austausch über PC, Laptop mit konstanter WLAN Verbindung. Zudem kann man über Skype auch Dokumente via PDF, Word, JPG schnell versenden und ist somit sehr agil.

3) Webinare sind meines Erachtens die Zukunft in der Kommunikationsstrategie. Meine ersten Webinare habe ich im Vorfeld über Mailchimp, einem CRM System, über meine Emailnewsletterliste offeriert. Ich hatte für mein erstes Webinar zwei Termine angesetzt, einmal vormittags um 11 Uhr und einmal nachmittags um 17:30 Uhr. Somit hat auch der Angestellte die Möglichkeit gehabt, nach Feierabend daran teilzunehmen. Ich hatte zu dem Vormittags-Termin 40 Teilnehmer und dem Nachmittags-Termin 60 Teilnehmer. Die Resonanz war somit hervorra-

gend und übertraf meine Erwartungen. Die Teilnehmer hatten im Vorfeld ihre Telefonnummer angegeben in der Eintragungsmaske von der Webinarankündigung und wurden 5 Minuten vor Webinarbeginn automatisch vom System angerufen. In der Bestätigungsmail von der Webinar Zusage war ein Link, wo man sich dementsprechend einloggen konnte und somit auf die Powerpoint-Unterlagen, welche ich vorbereitet hatte, Zugriff bekam. Danach konnten die Teilnehmer am Telefon meiner Stimme folgen und der Powerpoint-Präsentation im eingewählten Konferenzraum folgen und zeitgleich am Rechner die Unterlagen anschauen, zu denen ich etwas zu erzählen hatte. Im Anschluss an das Webinar konnten die Teilnehmer in einem Chatfenster Fragen stellen, auf die ich dann eingegangen bin. Jeder Zuhörer ist während der Präsentation stumm geschaltet, sodass der Vortragende keinerlei Ablenkung erfährt. Es ist lediglich ein Chatfenster eingerichtet, um Fragen zu einzelnen Folien zu stellen, auf die der Vortragende im Nachgang dann eingehen kann. Dieser Kommunikationskanal ist ein voller Erfolg und völlig ortsunabhängig.

4) Seminare sind in der Offlinewelt immer noch die beste Methode, um Interessenten und Kunden etwas vorzutragen und zu präsentieren. Der direkte Kontakt und die Interaktion mit den Personen ist immer noch der beste Weg, um seine Präsentation verbal rüberzubringen. Körpersprache und subjektives

Empfinden sowie Empathie und zwischenmenschliche Faktoren können hier besser transportiert werden als in der Onlinewelt. Der direkte Austausch ist und bleibt auch im digitalen Zeitalter weiter bestehen und hat immer noch ein enormes Potenzial in der Akquise von Interessenten und Kunden.

5) Facebook Messenger sind bei den Jugendlichen sehr gefragt. Man kann live vor Ort (Urlaub, Reise, etc.) spontan den Messenger einschalten und somit seine Freunde an seiner derzeitigen Video Live Übertragung teilhaben lassen. Es ist eine schnelle Interaktion bei wichtigen Ereignissen und die Just in time-Übertragung generiert immer neugierige Teilnehmer. Man kann den Messenger schnell über das Handy aktivieren und mit einer guten Kamera im Handy einiges in Szene setzen. Zum geschäftlichen Austausch ist das Medium eher ungeeignet, für private Sachen ganz nett. Wer von Profilneurose betroffen ist, nutzt dieses Tool sehr häufig.

6) Emailnewsletter: Um einen Interessenten als langfristigen Abonnenten zu gewinnen, sodass er seine Emailadresse im Kontaktfeld hinterlässt, braucht es einen Vertrauensbeweis. Hinterlässt der Interessent die Emailadresse, heißt es ab jetzt: Neutralen, hochwertigen und authentischen Content am besten in regelmäßigen Zeitabständen zu produzieren. Ich habe mittlerweile eine sehr große Emailnewsletterliste von über 1300 Abonnenten aufbauen können.

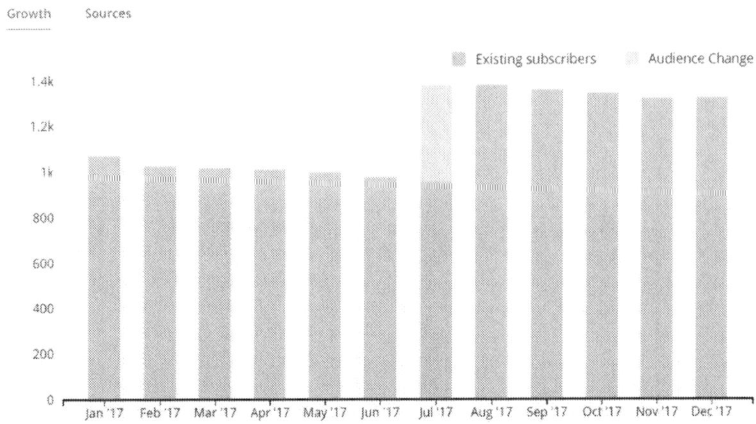

Abbildung 5: Emailadressdatenbank mit CRM System Mailchimp

Wie in der obigen Grafik zu sehen ist, hat meine Emailnewsletterdatenbank von Juli auf August an Fahrt aufgenommen. Woher rührt dies? Wir hatten eine Freebieaktion unter uns Bloggern auf www.finanzblog-magazin.de. Wir veranstalten diese Aktion einmal im Jahr und waren diesmal 9 Finanzblogger, bei dem jeder Blogger ein kostenloses PDF zur Verfügung gestellt hat mit qualitativ hochwertigem Content. Vorher starteten wir gezielt eine Marketingaktion über Facebook und Emailnewsletter, um den Traffic auf der Seite zu bündeln und für den Aktionsstart hoch zu halten. Der Erfolg dieser Aktion lässt sich sehr gut in der nächsten Abbildung erkennen. Hier werden pro Mail jeweils 100 neue Subscriber aufgelistet, welche dazukamen. Subscriber sind Interessenten, die Ihre Emailadresse im vorgesehenen leeren Kontaktfeld hinterlassen haben und somit das kostenlose Freebie Dokument bekommen und zukünftig den kostenlosen Newsletter von mir abonnieren. Auf meiner Seite von www.florian-mueller-business.de können Sie sich gerne eintragen und werden über vieles rund um die Bankenwelt am Laufen gehalten. Dies können Veranstaltungen, Konferenzen, Seminare oder Webinare sein. Zudem schreibe ich aktuelle Marktkommentare im Newsletter, um meinen Eindruck von der derzeitigen Situation am Kapitalmarkt und der Börse in Frankfurt wiederzugeben.

Abbildung 6: Zuwachs der Subscriber für den Newsletter durch Marketingaktionen

Hier sieht man den Zuwachs anhand der neuen Subscriber innerhalb weniger Tage um über 500 neue Abonnenten meines Newsletters von Börseneinmaleins. Die Aktion startete am 7.7.2017 und ging bis zum 17.7.2017. Also rund eine Woche später hatte ich über 500 neue Interessenten gewonnen, die ihre Emailadresse hinterlassen haben und somit auch ein kostenloses hochwertiges PDF bekommen haben. Die Aktion war damit ein voller Erfolg.

Auch bei meinen Bloggerkollegen waren durchaus beachtliche Zuwächse in ihrer Emailadressdatenbank ersichtlich. Dies alles erforderte eine gezielte Marketingstrategie und kostet natürlich etwas Geld. Doch die Mühe und das relativ kleine Marketingbudget haben sich schon längst amortisiert. „Keep it simple und low cost" heißt die Devise. Die Synergien, welche wir entwickeln, sind großartig, die Projekte gewinnen weiter an Fahrt. Nächste Sales Aktionen auf der entsprechenden Seite sind wie jedes Jahr im Herbst geplant. Genaue Informationen zu den Terminen werden rechtzeitig über Newsletter, Facebook und weitere soziale Medien publik gemacht. Das Erfolgsgeheimnis dieser Aktion ist das Bündeln und gezielte Werben auf bestimmten Kanälen. Zudem kommt es darauf an, dass relativ zeitnah die Informationen von allen Bloggern zirkuliert werden, um den Traffic auf der Seite hoch zu halten.

Wir starteten unsere Aktion am 7.07.2017. Jeder von uns 9 Bloggern hat eine Emailadressdatenbank, welche wir im stündlichen Turnus ab 6 Uhr morgens am besagten Tag verschickten. Bis 15 Uhr waren alle Newsletter der jeweiligen Blogger versandt und rund 10.000 Emailadressaten in Summe wurden auf die Freebie Aktion aufmerksam gemacht. Gleichzeitig starteten wir bei Facebook eine bezahlte Werbeaktion, bei der wir die Zielgruppe eindeutig abgegrenzt hatten, um die Cost per Clickrate niedrig zu halten. Die Cost per Click Rate ist einfach erklärt: Wieviel Euro brauche ich, um einen Klick von einem Interessenten zu bekommen? Je niedriger der Wert, umso effektiver ist die Aktion. Wir hatten natürlich die Seite www.finanzblog-magazin.de als Hyperlink in dem Facebook Post erwähnt. Somit war der Klick auf diese Zielseite gemeint. Die Cost per Click Rate war grandios und lag bei um die 20 Cent pro Klick. Bei 200€ Budgeteinsatz über den Facebook Post als

Werbung generierten wir somit genau 1000 Klicks. Zusätzlich generierten wir zusätzlich über 1000 Klicks durch den Newsletterversand. Untenstehende Grafik zeigt die Nutzer auf der Seite und die Zahl der Seitenaufrufe nach einer Woche in Summe.

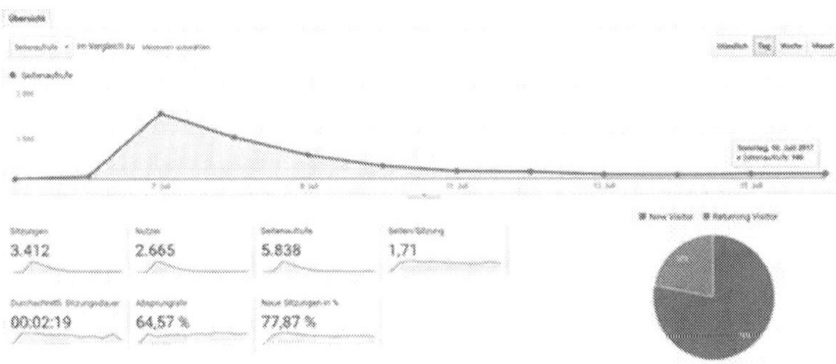

Abbildung 7: Auswertung der Zugriffe auf die Freebieaktion[11]

Wie man hier sehr schön erkennen kann, hatten wir am ersten Tag durch die gebündelte Newsletteraktion aller Blogger über 2000 Seitenaufrufe. Am 8.7 waren es immerhin noch knapp 1500 und am 9.7 knapp 1000 Seitenaufrufe. Die Auswertungen konnten wir mit Google Analytics genauestens analysieren. Hier wird alles dokumentiert, von der Nutzerzahl, über Seitenaufrufe bis hin zur durchschnitt-

---

[11] *Quelle: Google Analytics Auswertung auf www.finanzblog-magazin.de*

lichen Sitzungsdauer etc.. Diese Dokumentation zeigt deutlich die positive Entwicklung der Aktion und welche Kraft diese entfaltete. Weitere Projekte sind geplant wie die Sales Aktion, nach dem Modell von Amazon und „Black Friday". Hier werden wir verschiedene Dienstleistungen, Ebooks, Onlinekurse, Coaching mit deutlichen Rabatten anbieten.

Wie geht es zukünftig in Sachen Kommunikation weiter? Wie sich Millennials und die Generation Z informieren, ist aus einem erstklassigen Beitrag eines Bloggerkollegen zusammengefasst worden. Hier die wichtigsten Fakten:

Punkt 1) Die Jugend weltweit kommuniziert lieber digital, eine Ausnahme ist noch Deutschland, wo junge Menschen lieber persönlich miteinander sprechen. Eine interessante Erkenntnis, wenn man sieht, dass im globalen Vergleich der Altersgruppe zwischen 18-34 Jahren rund 2/3 lieber digital als von Angesicht zu Angesicht kommunizieren.[12] In den englischsprachigen Ländern ist diese Quote sogar noch höher und liegt bei über 70%.

Punkt 2) Der Trend zur Digitalisierung hält aber trotzdem an. Eine große Mehrheit der weltweit befragten Millennials und der Generation Z könnten sich eine Welt vorstellen, in der zu 100% alle Einkäufe online getätigt werden. Ein Teil

---

[12] *Quelle: http://blog.wiwo.de/look-at-it/2017/12/05/millennials-und-generation-z-kommunizieren-weltweit-lieber-digital-ausser-in-deutschland/*

dieser Generation könnte sich sogar vorstellen, komplett alles online bzw. digital zu regeln und ohne menschlichen Kontakt auszukommen.

1.4 Digitalisierung in anderen Bereichen

Wie sieht es in anderen Branchen mit der Digitalisierung aus? Hier nenne ich mal die Vorreiter an den amerikanischen Aktienmärkten der letzten Jahre: Google, Facebook, Amazon, Netflix, Facebook, Airbnb, Apple und Nvidia. Diese Firmen sind hochinnovativ und schnell. Amazon beispielsweise fängt eine Kooperation mit der Drogeriekette Rossmann an, um im Lebensmittelmarkt hier in Deutschland Fuß zu fassen. Als nächstes ist die Sonntagszustellung von Paketen geplant, die Einstundenlieferung Express in Großstädten und Amazon Fresh. Darüber hinaus kaufte Amazon einen der größten Lebensmittelketten, Whole Foods Market, in den USA. Das Tempo der Expansion ist gigantisch und bewundernswert. Mit eiserner Disziplin und hartgesottenen Methoden greift Jeff Bezos, der Chef von Amazon, in sämtlichen Bereichen an. Die anderen oben erwähnten Unternehmen stehen Amazon mit dem Tempo in nichts nach. Hier werden auch strategische Kooperationen getätigt, in disruptive Technologien Geld investiert und neue Märkte oder sogar branchenfremde Tore geöffnet und ausprobiert.

Sei es das avisierte autonome Fahren von Google oder Amazons Start in den Food Market Bereich - diese Vorreiter drängen in den europäischen Markt, und im Gegenzug können wenige europäische Firmen dieses innovative Tempo mitgehen. Hier fehlen wohl die Mentalität von US-Unternehmen wie „Just do it" oder der Amazon-Leitspruch: „Work hard, have fun, make history". Mit immer besser ausgestatteten Algorithmen und hochwertigen Lernprogrammen werden Auswertungen gefahren, Verbesserungen in Echtzeit vorgenommen und somit ein komplett neues Profilbild vom Endkunden erstellt. Vorschläge von neuen Artikel gibt es für die Kunden anhand passgenauer vergangener Käufe, um kognitive und affektive Reize im Gehirn zu erzeugen und den Interessenten zum neuen Kunden werden zu lassen und zum Kaufabschluss zu bringen. Das Thema Künstliche Intelligenz spielt hier eine enorme Rolle.

Auch im Bereich Selfpublishing wird Amazon das ganze Verlagswesen erneuern und umkrempeln. Ich bin mittlerweile Experte als Selfpublisher über Amazon geworden und kann nur eines sagen: Das Verlagswesen in Deutschland hat den Trend vollkommen verschlafen und ist total inflexibel. Als Selfpublisher habe ich etliche Vorteile gegenüber dem klassischen Verlagswesen. Ein paar Punkte nenne ich mal als Vorteile beim Selfpublishing über Amazon:

- Deutlich höhere Margen von 60-70% an Tantiemen
- Flexibler bei Updates, Preisgestaltung, Covererneuerung
- Automatisierte Abrechnung am Ende des Monats
- Transparente Steuerung des Dashboards
- Übersichtliche Grafiken über tagtägliche Verkäufe
- Marketingaktionen kann ich selbst steuern
- Keywordoptimierung und Rabattaktionen kann ich selbst vornehmen.

Anbei zeige ich Ihnen exemplarisch das Verkaufsdashboard von Amazon. Dies soll einen ersten Eindruck erwecken, wie übersichtlich gestaltet so eine Oberfläche sein kann. Man hat alles im Überblick und die wichtigsten Funktionen in der Taskleiste.

Abbildung 8: Verkaufsdashboard von Amazon

Die Transparenz für den Autor ist deutlich größer als über einen großen Verlag. Die Margen bei einem Verlag liegen im Durchschnitt bei 8-15% vom Bruttoladenpreis. Klar ist Amazon nicht im Offlinegeschäft und in Bücherläden vorhanden und somit sind die gedruckten Exemplare dort nicht käuflich erwerblich. Auf den Gesamtmarkt betrachtet, deckt Amazon mittlerweile über 50% ab, Tendenz weiterhin stark steigend. Amazon druckt die Taschenbuchausgaben „Just on demand", sprich Sie haben keine Lagerkosten, sondern drucken bei Bestellung eines Exemplars das Werk „Just in time" und sind somit optimiert und arbeiten effizient. Die Qualität ist sehr gut, da die Druckmaschinen auch hochwertig sind. Der Vorteil der wegfallenden Lagerkosten, macht es möglich, Produktionskosten für ein Buch mit knapp 200 Seiten zu 2-3 Euro pro Exemplar anbieten zu können (einfachste Variante). Das Verkäuferdashboard mit den Verkaufszahlen ist übersichtlich und die Tantiemen fließen immer am Ende des Monats zu. Alles ist automatisiert vom Zahlungssystem bis hin zu den Abrechnungen. Sollten Sie weitergehende Fragen zum Thema „Selfpublishing" über Amazon haben, schreiben Sie mir doch einfach eine Mail.

Ein weiteres Beispiel ist Airbnb, das private Wohnungsmittelportal, das mittlerweile über einen Algorithmus die Preise des Zimmers berechnen kann und zwar taggenau anhand der Nachfrage und Klickrate zu verschiedenen Städten und Zeiten. Somit bekommt man bei einer Selektion nach einer dynamischen Preisberechnung, zu unterschiedlichen Tagen, unterschiedlichen Zimmerpreise angezeigt. Angebot und Nachfrage regeln immer noch den Preis. Ergo wird eine perfekte Auslastung angestrebt, im Idealfall 100%. Stellt man seine Preise manuell ein und erhält nach ein paar freien Tagen keine Buchung für seine Wohnung oder Haus, werden Maßnahmen vorgeschlagen, die Anreize schaffen sollen, den Interessenten zum „Buchen" zu bewegen.

Im Hintergrund gibt es für jeden Anwender übersichtlich gestaltete „Dashboards". Übersichten, Statistiken, Seitenaufrufe, Einnahmenübersicht und ein Bewertungsverfahren nach einem 5 Sterne Prinzip sind Standard. Je besser die Bewertung für ein Zimmer eine Wohnung, Appartement oder Haus, umso besser wird es in der Suchleiste geführt und umso mehr Aufmerksamkeit bekommt das Objekt. Hier eine beispielhafte Grafik zum Thema „Seitenaufrufe" eines Inserats. Je besser die Gesamtbewertung des Inserats, umso weiter vorne steht auch das Inserat in der Suchleiste der jeweiligen Wohnungen und bekommt somit mehr Beachtung.

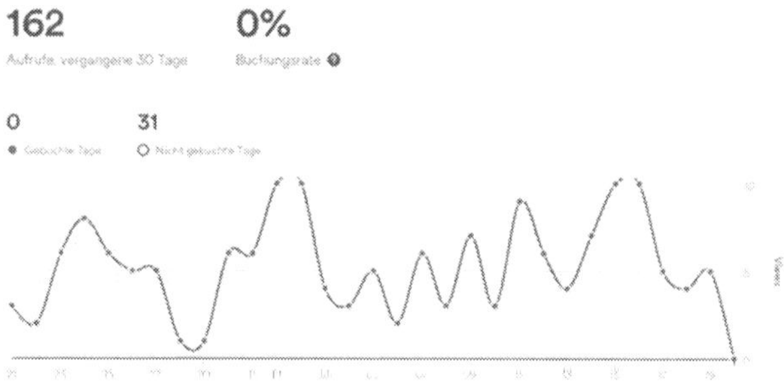

Abbildung 9: Seitenaufrufe Airbnb für Wohnungsinserat

Andererseits ist Airbnb gerade für das Hotelgewerbe ein Dorn im Auge. Wenn immer mehr private Personen Ihren Wohnraum vermieten, entsteht ein neuer Angebotszweig, welcher teilweise günstiger ist. Zudem sinken die Auslastungen der Hotellerie deutlich, da das Angebot durch Airbnb steigt. Dies schmälert die Margen von Hotels, Motels und anderen Wohnherbergen. Die Stadtverwaltungen von Berlin und Frankfurt wollen nun gegen diesen Trend der privaten Zimmervermittlung angehen. Es bleibt spannend, wie sich dieses Thema entwickelt.

Kommen wir zum Automobilsektor. Speziell dieser Bereich könnte in Gefahr geraten. Peter Thiel, der bekannte Facebook Investor, PayPal Gründer und Milliardär, zeichnet eine düstere Prognose für diese Branche. Sollte das Zugpferd der deutschen Wirtschaft wegbrechen, so könnte dies auch fatale Folgen auf dem Arbeitsmarkt haben. Selbstfahrende Autos, Carsharing und der abnehmende Drang nach dem

Statussymbol „Auto" könnten der Grund sein.[13] Die letzte IAA 2017 in Frankfurt überraschte nicht mit E-Autos, sondern protzte mit stark motorisierten Vehikeln. Die Zeichen der Zeit haben viele anscheinend noch nicht erkannt. Ich stimme Peter Thiel ebenfalls zu und denke, es findet eine deutliche Konsolidierung im Automobilbereich an. Roboter und Automatisierung prägen ja heute schon den Großteil der Produktion eines Autos. Ein interessantes Beispiel ist Tesla, ein Unternehmen, welches von Elon Musk mit Visionen und außergewöhnlichen Zielen geleitet wird. Zudem verkauft Tesla im Premiumsegment in den USA mittlerweile mehr Autos als die deutschen Hersteller BMW, Daimler, Porsche und Audi.[14] Derweil errichtet Tesla die größte Produktionshalle der Welt, die sogenannte Gigafactory in der Größe von rund 180 Fußballfeldern.[15]

Viele halten Elon Musk für einen Hochstapler, der seine Fähigkeiten überschätzt. Auf jeden Fall setzt er die deutsche Automobilindustrie ganz gehörig unter Druck. Es wird spannend bleiben in der Automobilbranche, speziell in Deutschland. Denn die Automobilindustrie ist das Zugpferd der deutschen Wirtschaft. Sollte hier etwas verschlafen worden sein, wird dies dramatische Auswirkungen haben nicht nur

---

[13] *Quelle: http://www.manager-magazin.de/politik/deutschland/das-koennte-peter-thiel-zu-deutschland-sagen-a-1119308.html*

[14] *Quelle: http://t3n.de/news/tesla-vorsprung-us-luxusmarkt-755087/*

[15] *Quelle: http://www.wiwo.de/unternehmen/auto/gigafactory-tesla-baut-weiter-an-seiner-batteriefabrik/13934694.html#image*

auf die Automobilkonzerne, sondern auch auf die Zulieferer, Speditionen und andere Zweige, die im Produktionsprozess mit verwurzelt sind. Jeder fünfte bis sechste Arbeitsplatz in Deutschland hängt direkt oder indirekt von der Automobilbranche ab. Ich sehe hier eine dramatische Entwicklung und leider keine positiven Anzeichen, dass das Ruder noch herumgerissen werden könnte. Zumindest bleibt es eine große Herausforderung und man kann gespannt sein, was in den nächsten paar Jahren passieren wird.

Eine neue Studie der Beratungsfirma McKinsey geht bis zum Jahr 2030 von einem weltweiten Arbeitsplatzverlust von 800 Mio. Jobs aus im Zuge der Digitalisierung und Automatisierung.[16] In Deutschland wären nach dieser Annahme bis zu 12 Millionen Jobs betroffen, was 24% aller derzeitigen Arbeitsplätze ausmacht. Die Mittelschicht würde weiter wegbrechen und die Schere zwischen Arm und Reich weiter auseinandergehen. Das Sozialsystem würde weiterhin dramatisch beansprucht werden, was es ohnehin schon ist.

Im Einzelhandel gibt es auch einen Trend dahingehend, sich Produkte vom Einzelhändler und Discounter nach Hause liefern zu lassen. Dies ist in Großstädten wie Frankfurt bei-

---

[16] *Quelle: https://www.finanzen100.de/finanznachrichten/wirtschaft/enorme-herausforderung-automatisierung-bedroht-bis-2030-bis-zu-800-mio-jobs_H353555406_515031/*

spielsweise schon möglich und erweist sich als wahrer Zeitvorteil. Abends nach dem Büro nicht mehr mit dem Auto einen Parkplatz zu suchen, in überfüllten Supermärkten einzukaufen, ist natürlich schon ein Vorteil. Am besten macht man eine Bestellung für eine bestimmte Uhrzeit und die Ware wird pünktlich geliefert. Dies spart mindestens 30 Minuten bis zu einer Stunde an Zeit. In der heutigen Arbeitswelt ein grandioser Fortschritt für ambitionierte junge Leute. Diese Zeit kann man wiederum sinnvoll und produktiv nutzen, um sich beispielsweise ein Onlinebusiness aufzubauen, Sport zu machen oder einfach nur abzuschalten vom stressigen Alltag. Damit verbunden sind eine höhere Lebensqualität und eine entspannte Zeit. Ich sehe allerdings die Gefahr der Entfremdung, die Menschen begegnen sich weniger, es gibt kein Einkaufserlebnis mehr etc.

1.5 Die Arbeitswelt der Zukunft

Das Arbeiten wird sich in Zukunft grundlegend verändern. Die nine to five Mentalität wird sich längerfristig nicht halten oder muss flexibler gestaltet werden. In der Onlinewelt gibt es an sieben Tagen 24 Stunden die Woche etwas zu tun. Viele Firmen sind hier noch viel zu unflexibel. Jeder Mensch hat einen anderen Biorhythmus, sei es Frühaufsteher oder Langschläfer. Manche können morgens produktiv sein, andere eher abends. Wiederum können andere daheim besser arbeiten, da sie dort nicht von Kollegen abgelenkt werden. Selbstdisziplin ist hier ein großes Stichwort, man muss sich Deadlines setzen und effektiv und möglichst präzise die Aufgabe oder das Projekt umsetzen. Wie im vorherigen Kapitel schon erwähnt, kann man bei Problemen schnell mit Kunden oder Mitarbeiter skypen oder mailen. Per Ferndiagnose kann man auch via Teamviewer sich unkompliziert auf den anderen Rechner aufschalten und so aufkommende Probleme lösen oder Kollegen helfen. Viele Unternehmen verfahren hier noch zu stringent und führen kein flexibles Arbeitszeitmodell ein. Die Motivation und die Freiheit, so etwas zu erfahren und das Vertrauen seines Vorgesetzten zu haben, sind schon was Schönes.

Ich schätze, dass die Effektivität steigen würde, wenn die entsprechenden Mitarbeiter mehr Freiheit genießen könnten. Auch wäre hier die Entfaltung für neue kreative Ideen und Projekte gegeben, die man einbringen kann und vorantreiben. Schauen wir mal wieder über den Teich rüber. In den USA setzen viele Unternehmen Anreize, um die Mitarbeiter am Arbeitsplatz bzw. am Arbeitsort zu halten. Die

Arbeit soll auch Spaß machen. Wie könnten diese „Anreize" aussehen? Bei Google haben die Mitarbeiter eine Minigolfanlage, bei Facebook eine Spielhalle und bei dem privaten Zimmervermittlungsunternehmen Airbnb stehen den Mitarbeitern Sofa und Bett am Arbeitsplatz zur Verfügung.[17] In Europa ist dies noch nicht so verbreitet und hier sind die innovativen Firmen noch sehr rar gesät. Diese Entwicklung lässt sich jedoch nicht aufhalten und wird auch zwangsläufig europäische Unternehmen ermutigen, sich ausgefallene Zusatzangebote für Mitarbeiter einfallen zu lassen.

[17] *Quelle: https://blog.instaffo.com/mehr-als-nur-ein-arbeitsplatz-die-spektakularsten-buros-der-welt/*

2 Entwicklung der Fintech Unternehmen in Deutschland

In diesem Kapitel möchte ich näher auf den digitalen Wandel und seine verschiedenen Teilsegmente speziell im Retail Banking Bereich eingehen. Insgesamt gibt es mittlerweile in Deutschland über 400 FinTech Unternehmen. Die folgende Abbildung zeigt die Aufteilung und Anzahl der FinTechs je nach Teilsegment.

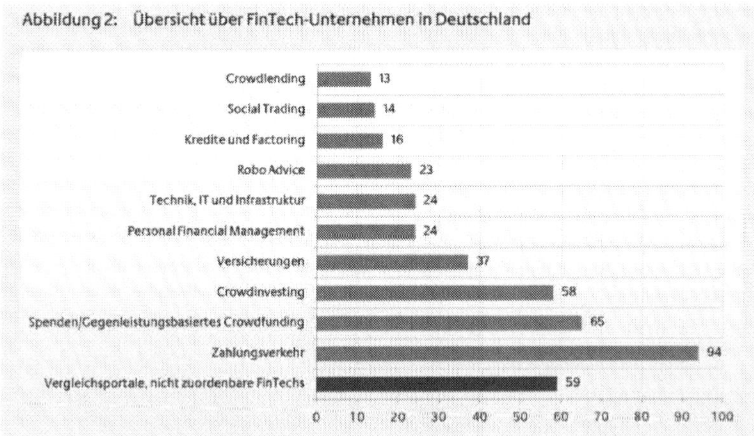

Abbildung 10: Fintech Unternehmen in Deutschland[18]

---

[18] *Quelle: https://www.bundesfinanzministerium.de/Content/DE/Monatsberichte/2016/11/Bilder/B01-abb02-Uebersicht-Fintech-Unternehmen-Deutschland.html*

Die Grafik zeigt, in welchen Anwendungsbereichen die höchste Konzentration der neuen Firmen liegt. Ich möchte nun auf ein paar Teilsegmente eingehen. Fangen wir mit dem zahlenmäßig größten Segment an, nämlich dem

2.1 Zahlungsverkehr

Es gibt drei Typen von B2C Modellen: stationäre Zahlungssysteme, Internet-Zahlungssysteme und mobile Zahlungssysteme. Der stationäre Zahlungsbereich kann der analogen Welt zugerechnet werden, also der Offline Welt. Ein Beispiel für die letzteren beiden Zahlungssysteme ist der Marktführer Paypal, der wohl den meisten ein Begriff ist. Auch die neue NFC-Technik, bei der die Verbindung beispielsweise zwischen Kassenautomat und Smartphone hergestellt wird, ist hochinteressant. Diese kommt nun auch in der Praxis häufiger zum Einsatz und wird in den nächsten Jahren immer mehr an Fahrt aufnehmen. Virtuelle Währungen, auch Kryptowährungen wie beispielsweise Bitcoin, Ethereum, Ripple und Litecoin werden zunehmend an Bedeutung gewinnen. Bis dato ist das noch ein sehr spekulatives Investment, da Bitcoins über private Computernetzwerke generiert werden und noch eine extreme Volatilität aufweisen. Ich möchte nicht näher auf die Bitcoin Thematik eingehen, dies können Sie in dem Buch „Investieren in digitale Währungen"[19] näher eruieren. Hinter einigen Geschäftsmodellen der Kryptowährungen stehen innovative Konzepte und Entwicklungen, die spannend sind und zukunftsträchtig. Dies werde ich noch eingehend erläutern. Weiter im Programm: Es kommen derzeit einige FinTechs auf den Markt, die sich vermehrt über alternative Bezahlsysteme etablieren und hier Möglichkeiten anbieten, automatisch von einer Internetseite eines Händlers direkt auf ein Zahlformular des Dienstleisters weitergeleitet zu werden. Der Kunde tätigt die Überweisung und muss nicht mehr zur Bank. Er erhält vom Händler eine Bestätigung per Mail und der Prozess schreitet voran. Das ist ganz unkompliziert und einfach zu tätigen innerhalb von ein paar Sekunden.

Wie entwickelte sich der Zahlungsverkehr in den letzten Jahren? Hierzu eine interessante Grafik:

---

[19] *Quelle: http://amzn.to/2DSALM8*

Abbildung 11: Marktanteile im Zahlungsverkehr der Big Player[20]

Eindeutig zu erkennen ist, dass Paypal seine Führung mittlerweile exorbitant ausgebaut hat in der Bezahlmethode. MasterCard und VISA erlitten herbe Marktanteilsverluste von fast 50% innerhalb nur zweier Jahre, während Paypal

---

[20] *Quelle: EHI Retail Institute 2011-2017, Paypal 2016, MasterCard & VISA Interchange Reporting*

seit dem Jahr 2011 seine Marktanteile um über 50% ausbauen konnte. Paypal wurde damit innerhalb weniger Jahre zum Big Player und ist mittlerweile einer der bedeutendsten Anbieter im Zahlungsverkehr. Hier sieht man die immens schnelle Konzentration und Verschiebung der Zahlungsmethoden in der Realität und wie schnell die Disruption voranschreitet.

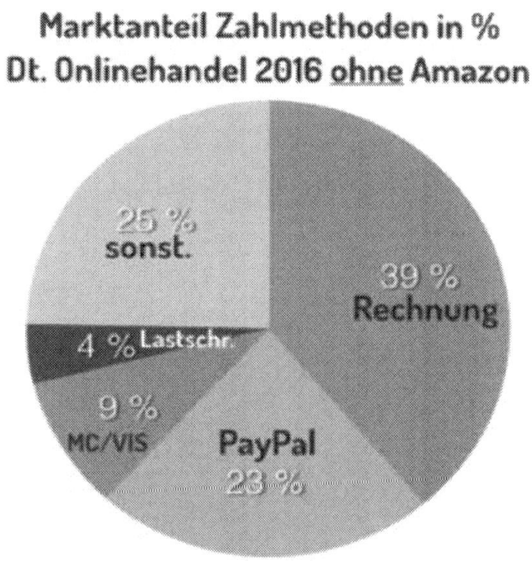

Abbildung 12: Zahlungsmethoden in % in Deutschland im Jahr 2016[21]

---

[21] *Quelle: Quelle: EHI Retail Institute 2011-2017, Paypal 2016, MasterCard & VISA Interchange Reporting*

Die Tendenzen, die wir in der vorherigen Grafik gesehen haben, verschieben sich von Jahr zu Jahr weiter in Richtung Paypal. Der Zahlungsanbieter liegt nur noch 16% hinter der Zahlmethode Rechnung mit 39%. Paypal wird weiter zulegen und vielleicht schon im Jahr 2020 als Zahlungsmethode an oberster Stelle stehen.

2.2 Crowdfunding

Der nächstgrößere Bereich aus der obigen Grafik ist der Bereich „Crowdfunding". Eine moderne Form, über das Internet an Investoren zu gelangen und von diesem Geld einzusammeln. Crowd steht hierbei für eine Vielzahl von Interessenten und Privatinvestoren, die ein Projekt und/ oder ein Startup finanziell unterstützen und im Gegenzug Anteile an der Firma bekommen. Hier ist zu differieren zwischen Crowdinvesting und -funding: Beim Crowdinvesting erhält der Investor oft ein Nachrangdarlehen und eine prozentuale Beteiligung am Unternehmenswert, sollte er sich an einem Start-Up Projekt finanziell engagieren. Beim spendenbasierten Crowdfunding bekommt der Geldgeber keine Gegenleistung für sein Geld, wohingegen er beim normalen Crowdfunding (kreditbasiert), den eingesetzten Betrag + Zinsen zurückerstattet bekommt. Der Zinssatz ist variabel und je nach Bonitätsstufe des Schuldners abhängig und taxiert. Die Bonitätseinstufung wird bei der Online Registrierung vorgenommen. Hierzu müssen persönliche Daten, Identitäts- und Einkommensverhältnisse offengelegt werden. Anhand dessen wird die Kreditwürdigkeit geprüft und einer Risikoklasse zugeordnet. Je besser die Bewertung eines Kreditnehmers, umso niedriger sein Zinssatz. Anbieter von kreditbasierten Crowdfunding Plattformen gibt es mittlerweile en masse. Im Vergleich zu traditionellen Bankkrediten gibt es folgende Vorteile:

- Günstigere Konditionen für Kreditnehmer
- Bessere Verzinsung für Kreditgeber
- Unbürokratische und schnellere Umsetzung
- Transparente Verteilung von Kredit, Tilgung, Zinsen, Courtage an Anbieter

Es gibt aber genauso viele Nachteile:

- Anonymität der Vertragsparteien
- Ergo Anstieg des Kreditrisikos
- Unsicherheitsfaktor

Weitere Informationen speziell zum Thema Crowdinvesting und Crowdfunding habe ich in einem meiner Blogartikel genauer behandelt. Hier der entsprechende Link.[22] Später werde ich noch näher auf die Frage eingehen, ob das klassische Kreditgeschäft von Banken durch diese neue unkomplizierte Art und Weise der Kreditvergabe von Privatpersonen zu Privatpersonen dadurch gefährdet ist.

---

[22] *Quelle: https://boerseneinmaleins.de/was-ist-crowdfunding/*

Wie ist die derzeitige Entwicklung in diesem Bereich und wie sind die Wachstumsraten:

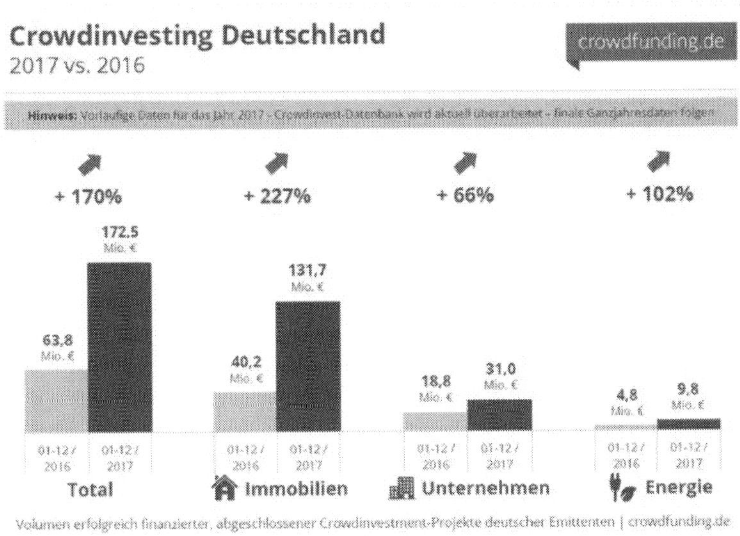

Abbildung 13: Wachstum Crowdinvesting Finanzierungen[23]

Wie man hier sehr schön erkennen kann, ist der Markt und das investierte Volumen in Crowdinvesting Projekte deutlich gestiegen. Insbesondere Immobilienprojekte hatten eine Steigerung von 227% auf 131,7 Mio. € an Kapitalzufluss. Insgesamt ist der Crowdinvesting-Markt jetzt bei 172,5 Mio. € angelangt und sollte in den nächsten Jahren weiteres deutliches Wachstumspotenzial bieten.

---

[23] *Quelle: https://www.crowdfunding.de/jahresrueckblick-2017/*

Negativ überschattet wurde dies durch eine paar Insolvenzen von Firmen in Millionenhöhe. Dies schreckte natürlich Start-ups und Investoren von Investitionen ab, führte aber nicht zu einem allgemeinen Vertrauensverlust. Man muss sich bei solchen Investments immer dem Totalverlust vor Augen halten. Erfolgreiche EXIT-Strategien würden dies wieder medial kompensieren. Exits sind Übernahmen mit einem deutlich höheren Angebot als die derzeitige Unternehmensbewertung. Der potenzielle Käufer unterbreitet hierbei der zu übernehmenden Company ein Übernahmeangebot, woran wiederum die Investoren durch eine üppige Ausschüttung profitieren. Weitere interessante Fakten hierzu finden Sie im folgendem Artikel.[24]

---

[24] *Quelle: https://www.crowdfunding.de/zukunftsperspektiven-im-crowd-funding/*

2.3 Social Trading

Social Trading heißt auf Deutsch Handeln über eine soziale Plattform, an der andere interessierte Privatanleger partizipieren können, indem sie diesem Trader folgen und an seiner Strategie mit ihrem eingesetzten Kapital andocken. Diese Dienstleister bieten Online Plattformen an, auf deren Portal Privatinvestoren öffentlich für alle Kunden zugänglich ihre Strategien nachverfolgen und darin investieren können. Es kann in ein breites Spektrum von Aktien, Fonds, Zertifikaten und weiteren Produkten investiert werden. Nach einer Registrierung kann man direkt starten, den jeweiligen Anlagestrategien der einzelnen Investoren und Trader folgen und die Transaktionen aus der Vergangenheit beobachten. Die Transparenz ist bestechend. Um selbst damit Geld zu verdienen, wird es allerdings schwierig. Man muss mit Performance schnell punkten, um Interessenten und Gelder zu bekommen. Außerdem partizipiert der Broker (Lang & Schwarz) mit einer hohen Gebühr am Anbieter wie beispielsweise bei Wikifolio.[25] Dies schmälert deutlich die Marge des Investors, welcher eine Anlagestrategie fährt und Kundengelder verwaltet. Es können aktiv bis dato nur einige private Investoren, die ein verwaltetes Vermögen

---

[25] *Quelle: https://boerseneinmaleins.de/was-ist-eigentlich-wikifolio/*

von einigen Mio. € aufweisen, davon leben. Ansonsten bietet es aus Diversifikationsgründen gute Möglichkeiten, sich langfristig einen Namen zu machen oder ein Geschäftsmodell aufzubauen. Die Wachstumsraten sind bisher immer im dreistelligen Prozentbereich gewesen pro Jahr, flauten aber in den letzten paar Jahren ein wenig ab auf knapp unter 100%. Dies ist aber immer noch eine ordentliche Wachstumsrate und in dem Tempo sollte es auch die nächsten Jahre weitergehen. Sollte sich ein Trader/Investor durch seinen Track Rekord langfristig bewähren und dadurch Vertrauen gewinnen, kann er schnell viele Gelder einsammeln. Derweil gibt es über 10 Social-Trading Anbieter, Tendenz weiter steigend. Dieser Markt wird zunehmend an Bedeutung gewinnen und damit auf weiteres Interesse stoßen. Weitergehende und vertiefte Studien zur dieser Thematik finden Sie unter folgendem Link.[26]

[26] *Quelle: https://www.onlinebrokervergleich.org/social-trading/*

2.4 Künstliche Intelligenz

Im Zusammenhang mit der fortschreitenden Digitalisierung etabliert sich der Bereich der Künstlichen Intelligenz und gewinnt immer mehr an Bedeutung. Speziell im Investmentbereich werden zunehmend Algorithmen als Teil des maschinellen Lernens eingesetzt. Auf deren Grundlage werden Muster erstellt, mit denen neue Daten klassifiziert und eingestuft werden können. Je mehr Daten, umso mehr Erfahrung kann das Netzwerk sammeln. Bisher gibt es wenige Banken und Vermögensverwalter, die mit dieser Thematik vertraut sind.

Das Marktumfeld bietet daher ein enormes Wachstumspotenzial in diesem Bereich. Vor allem ist das Marktvolumen noch deutlich ausbaufähig. Die Robo Advisor, welche in der Grafik von oben auch genannt werden und die Module der KI (Künstliche Intelligenz) anwenden, stehen vor ähnlichen Herausforderungen (sei es von der Rechenkapazität her oder vom Vertrauen der Privatanleger in diese Techniken). Die Anleger müssen erst einmal davon überzeugt werden, dass ihr Geld durch einen Algorithmus gemanagt wird. Zudem fallen typische Merkmale im Vermögensanlagegeschäft komplett weg. Beispielsweise die Beratungstermine, das schöne Get together und Kundengespräche unter vier Augen. Andererseits sind die Kosten deutlich geringer als bei der klassischen Geldanlage in verschachtelte und intransparente Produkte. Dies sind ernstzunehmende Themen, mit denen die Bankenwelt jetzt schon und zukünftig noch viel stärker konfrontiert wird. Das Tempo der innovativeren Fintechs ist gigantisch und sollte die bestehende

Bankenstruktur zum Nachdenken anregen. Die Kompetenzen verschieben sich somit zunehmend in Richtung IT-Spezialisten, Softwareentwickler und Administratoren, die nun vermehrt im Bankenumfeld Chancen haben, ihr Know-How einzusetzen. Aber auch Marketingspezialisten, Vertriebsexperten und Business Analysts sind heißbegehrte Arbeitskräfte. Die Transformation hin zu Online Business und Marketing Modellen wird zukünftig das Non Plus Ultra sein. Von den großen Unternehmen wie Facebook und Airbnb bekommt man immer mehr Hilfen, wie man seine Business-Seiten bestmöglich in diesen Portalen nutzt und marketingtechnisch herüberbringt. Zudem steht ab einer gewissen Größe sogar ein persönlicher Ansprechpartner zur Verfügung. Diese Person wertet speziell die Seite nach Impressionen, Likes und Kommentaren aus und gibt erfolgreiche Tipps, wie man sich verbessern kann, um mehr Reichweite zu generieren. Somit helfen die Portale ambitionierten Kunden, die noch mehr aus ihrem Onlinebusiness machen wollen. Bezahlte Werbung, im engeren Sinne „Sponsored Posts", erreicht so mehr Personen, hier kann man speziell über Facebook die Zielgruppe ganz genau eingrenzen, um das bestmögliche Ergebnis für sein Marketingbudget zu erreichen. Viele Firmen sollten Werbung, speziell in den Social Media Kanälen, nicht unterschätzen, sonst verliert man womöglich den Anschluss. Ein gewisses Budget beispielsweise für Facebook sollte schon zur Verfügung stehen. Im Hintergrund gibt es einen sogenannten Werbeanzeigenmanager, der die einzelnen gesponserten Artikel auswertet nach Aufrufen, Klicks und Impressionen. Eine vollkommen transparente Sache und man kann sofort die Werbeaktion wieder inaktiv schalten, sollte das Ergebnis nicht den Wunschvorstellungen entsprechen. Somit hat man einen klaren Vorteil, muss nicht in Vorleistung gehen mit Marketing und kann zeitlich gesehen zu jeder Uhrzeit eine Promotion starten oder beenden. Bilder sind sehr aussagekräftig und locken immer wieder interessierte Leser, diesen Post näher zu betrachten.

Im Zusammenhang mit der Künstlichen Intelligenz ist der Begriff „Deep Learning" eine weitere interessante Thematik. Dies ist ein Lernprozess von Maschinen und Robotern, die sich dem Kundenverhalten anpassen sollen. Hier werden sogenannte Chatbots eingesetzt, die die Kommunikation übernehmen. Das sind Roboter, die gezielt auf Webpages oder Apps beispielsweise in einem separaten Fenster eingeblendet werden und für die Beantwortung der Fragen mit dem Interessenten oder Endkunden automatisiert agieren. Sie können auch auf Social Media Kanälen zum Einsatz kommen und dort auf Chatanfragen reagieren. Vorteil dabei ist, dass diese rund um die Uhr zur Verfügung stehen. Durch Stichwörter und eine gezielte Sprachanalyse können sie sogar die Stimmung der anfragenden Person definieren. Zusätzlich können diese Chatbots maschinell lernen. Je mehr Interessenten- und Kundengespräche geführt werden, umso größer werden die Datenmengen zum Auswerten und umso besser das gezielte Eruieren von Fragestellungen des Programms. Ergo werden die Chatbots durch die gezielte Kommunikation schlauer, lernen dadurch schneller und agieren professioneller bei den Antworten. Ob sich Chatbots langfristig durchsetzen werden, hängt natürlich stark von der kommunikativen Qualität ab. Den Interessenten muss ein Mehrwert geboten werden, um keinen

Imageverlust aufgrund dieses Spracherkennungssystems zu erfahren. Sollte dies funktionieren und von Interessentenseite akzeptiert werden, wird es eine neue Interaktion zwischen Mensch und Roboter geben.

Besonders positive Beispiele hierfür abseits vom Bankensystem sind Amazon mit ALEXA und Apple mit SIRI. Diese Spracherkennungssysteme haben sich mittlerweile am Markt etabliert und sich einen „Namen" gemacht. Sie verbessern sich mit jedem neuen Modell und sind zudem sehr schnell im „Deep Learning" Prozess. Laut neuesten Nachrichten soll ALEXA nun auch eine eigene Meinung und Charakterzüge aufweisen, um die Interaktion mit dem Endkunden anzukurbeln.[27] Dies wäre natürlich ein weiterer technologischer Fortschritt und ein in meinen Augen epochaler Wandel in der Kundenbindung. Wann dies soweit ist, lässt Amazon aber noch nicht verlauten.

Weitere interessante Themen sind Micropayment, beispielsweise das Pay per Lead. Wieviel monetäre Zuwendung bekomme ich, wenn ein Interessent seine Kontaktdaten hinterlässt? Beispielsweise veröffentliche ich auf meinem Blog einen Gastartikel. Der Gastartikel hat einen ausgehenden Link, den der Interessent über meine Seite an-

---

[27] *Quelle: https://www.pcwelt.de/a/amazon-echo-alexa-soll-eigene-meinung-bekommen,3449426*

klickt und dort seine Kontaktdaten für nähere Informationen hinterlässt. Ergo bekomme ich je nach Vereinbarung mit dem Anbieter eine kleine finanzielle Entschädigung, da der Lead (Kontaktadresse, wie beispielsweise eine Emailadresse) über meine Seite hervorging. Pay per Sale ist eine weitere Art des Micropayments. Hier erhält derjenige Betreiber eine finanzielle Zuwendung über den Kanal, der den Verkauf eines Fremdprodukts ausgelöst hat. Diese ist meist deutlich höher als ein Pay per Lead, da es ja zum direkten Kauf eines Produkts oder einer Dienstleistung geführt hat. Ein weiteres interessantes Themengebiet, das in anderen Bereichen schon führend ist, ist das Pay-per-Use Prinzip. Hier geht es um eine genaue zeitliche Abrechnung bzw. darum, dass der Kunde nur die Leistung zahlt, die er auch tatsächlich in Anspruch nimmt. Eine punktgenaue Abrechnung verbunden mit den dazugehörigen Leistungen ist hocheffizient und stimmt den Kunden natürlich zufrieden.

2.5 Blockchain

Verbunden mit der Dezentralisierung von Daten in einer Datenbank und dem Cloud Computing macht sich eine neue Kampfansage an das bestehende Netz und die Verarbeitung von Daten breit. Stichwort hierbei ist Blockchain: Dies ist eine Datenbank, welche aus fortlaufenden Blöcken besteht. Blöcke sind durchnummerierte Vorgänge (Transaktionen) - 1 bis 1000 beispielsweise - welche in der Blockchain fortlaufend bei Interaktion der Peer to Peer Teilnehmer festgehalten werden. Dezentral in diesem Sinne heißt, es besteht aus einem Peer to Peer Netzwerk. All diese gleichberechtigten Teilnehmer halten die Datenbank vor, können in diese einsehen und erweitern. Ein Block kann ich mir vorstellen wie ein Blatt Papier, auf der oben eine entsprechende ID steht. Beispiel: Wir nehmen einen willkürlichen Block mit der Nummer 12. Neben der ID 12 steht ein sogenannter Hash (#) drauf. Dieser Hash berechnet sich aufgrund der vorhergehenden 11 Blöcke. Der eigentliche Inhalt sind eigentlich die Transaktionen (also die Daten), die man benötigt. Neben den Daten benötigt man auch die Metadaten. Beispiel für Metadaten: Wann habe ich eine Pizza bestellt, wie viel hat diese gekostet und mit welchem Wallet habe ich diese bezahlt und mit welchem Wallet wurde diese angenommen. Wallet ist ein Aufbewahrungsort für digitale Währungen. Revolutionär an dieser Technologie ist die Transparenz. Beispiel: Aus dem ersten Bitcoin, der generiert worden ist, kann ich genau erkennen durch die entsprechenden Blöcke und Transaktionen, wann er von welchem Wallet an welches andere Wallet weitergereicht wurde. Ein weiterer eminenter Vorteil ist das Thema Anonymität von Transaktionen. Ich möchte nicht mehr weiter auf die Blockchain Thematik eingehen, da dieses Thema auf einigen YouTube Kanälen sehr gut erklärt wird. Ich steige aber noch nicht hundertprozentig hinter die technische Materie - ehrlich gesagt. Ein gutes Video hierzu findet sich unter anderem auf folgendem Video. Hier nochmals der entsprechende Link.

https://www.youTube.com/watch?v=wmdU0_IQQI0

3 Querschnitt Wirtschaft Aktuell

Die Everything Bubble, die durch das billige Gelddrucke verursacht wird, führt zu Verzerrungen diverser Sachwertpreise, sei es im Kunst- oder Immobilienmarkt. Die Banken heizen diese Blase weiter auf, indem sie Immobilien aufgrund der Niedrigzinspolitik weiter als lukrative Renditeobjekte mit und günstigen Krediten finanzieren. Auch werden immer mehr Konsumentenkredite[28] vergeben und immer kleinere Ratenzahlungen mit 0%- Angeboten unterbreitet. Der psychologische Anreiz, sich zu verschulden, wird so für den Endverbraucher weiter erhöht. Das Schuldenmachen wird nach außen hin als Selbstverständlichkeit angesehen und für jeden durch augenscheinlich kleine ratierliche Beträge schmackhaft gemacht. Es wird suggeriert, dass sich jeder alles leisten kann und es ganz einfach ist, ein größeres finanzielles Projekt zu stemmen. Dabei wird die Emotionalität des Interessenten angesprochen, was dazu führt, dass oftmals das Kleingedruckte in den AGBs bei einem Vertrag übersehen, oder aufgrund der Überschwänglichkeit beim Kauf nicht beachtet werden. Dies führt zu Fehlentscheidungen bei den privaten Investitionen. Gleichzeitig

---

[28] *Quelle: https://de.statista.com/statistik/daten/studie/77205/umfrage/konsumentenkredite-der-banken-in-deutschland-an-private-haushalte/*

eine überschwängliche Phase vorhanden. Einige fundamentale Daten[30] sind auf Rekordhoch und prophezeien keine rosige Zukunft für die Aktienmärkte in den USA. Und sollte die US-Wirtschaft nur einen leichten Husten bekommen, schlägt dies immer doppelte Wellen nach Europa, wir werden ebenfalls krank. Das heißt explizit, dass die Auswirkungen auf Europa extremer und die Ausschläge nach unten speziell an den Aktienmärkten noch heftiger wären. Noch scheint aber alles nach dem Prinzip „Friede, Freude, Eierkuchen" zu laufen. Wann die Umkehr kommt, kann man nur schwer einschätzen. Die Glaskugel, um in die Zukunft zu schauen, hat keiner von uns. Die derzeitige Lage in den USA mit steigenden Zinsen und ausufernden Privatkrediten, welche speziell im Wertpapiergeschäft, bei den Autokrediten und den Studentenkrediten auf Rekordhoch sind, verheißt nichts Gutes.

Ich möchte hier keine Horrorszenarien ausmalen. Ich kann nur meine Beobachtungen schildern und die fundamentalen Daten genauestens unter die Lupe nehmen. So sehe ich auf die USA wirklich heftige Verwerfungen in den nächsten Jahren zukommen. Die Hausse in den USA ist mittlerweile einer der längsten der Geschichte. Ungeachtet dessen bin ich langfristig positiv gestimmt und plädiere für Aktien für den langfristigen Vermögensaufbau. Dies ist essentiell wichtig.

---

[30] *Quelle: https://www.advisorperspectives.com/dshort/updates/2018/01/02/is-the-stock-market-cheap*

Wie man hier als Laie am besten vorgeht um mit ratierlichen monatlichen Beträgen vorsorgt, habe ich bereits in meinem Buch „Vorsorgemodell 4.0"[31] schon exakt beschrieben. Bei größeren Vermögen empfehle ich immer eine professionelle unabhängige Vermögensverwaltung. Dies kostet zwar Geld, bewahrt Sie aber vor eigenen Fehlentscheidungen in emotionalen Lagen. Dabei sollte man immer einen zeitlichen Horizont von mindestens 3-5 Jahren mitbringen, besser sind 10 Jahre plus. Hier kann sich der Zinseszinseffekt so richtig entfalten. Was der Zinseszins über längere Zeit (20,30 oder 40 Jahre) bewirkt, ist phänomenal. Hier ein entsprechender Artikel auf meinem Blog[32]. Natürlich sollten in Krisenzeiten auch Gold und Silber in jedem Depot vorhanden sein, am besten in physischer Form daheim, aber nicht bei einer Bank. Auch eine Lagerung außerhalb der EU und abseits vom Bankensektor ist möglich. Wo man am besten so etwas kauft, habe ich in einem früheren Blogartikel schon behandelt. Hier der Link zu meinem geschriebenen Artikel für den Gold- und Silberkauf.[33]

Fazit

Die überbordende Schuldenproblematik geht weiter in den USA. Nicht nur von privater, sondern auch von staatlicher

---

[31] Quelle: http://amzn.to/2DvcQTu

[32] Quelle: https://boerseneinmaleins.de/zwei-unterschiedliche-charaktere-und-ihre-geldanlage/

[33] Quelle: https://boerseneinmaleins.de/gold-und-silberkauf/

Seite sind die Extreme nicht mehr zu übersehen. Der Shutdown, sprich die Bankkrotterklärung der USA[34] wird gerade aktuell diskutiert. Über 20 Billionen $ ist die derzeitige Grenze, die womöglich wieder angehoben werden muss. Sollte es zu einem Government Shutdown kommen, werden öffentliche Ämter stillstehen und so für ein kurzzeitiges Ruhen der Arbeit sorgen, bis eine neue Schuldenobergrenze definiert wird und das Geld wieder fließt. Dieser Prozess dauert jetzt schon ein paar Jahre an, da die USA das Monopol zum Gelddrucken haben und die Schulden immer wieder erhöhen können. Im Gegenzug steigen die Aktienmärkte von einem Allzeithoch zum anderen. In Europa hat sich die Situation in den südeuropäischen Ländern bei weitem nicht verbessert seit dem Jahr 2008/09. Es gibt nach wie vor Jugendarbeitslosigkeit en masse und eine weitere Enteignung der Mittelschicht durch die Niedrigzinspolitik, die Kaufkraft hat sich deutlich verringert. Eine verlorene Generation ist mittlerweile die junge Generation. Gleichzeitig werden Großkonzerne mit Milliarden entlastet, müssen keine Steuern zahlen und haben enorme Gewinne, der an die Aktionäre weitergegeben werden. Die Schere zwischen Arm und Reich wird sich weiter öffnen und für soziale Spannungen sorgen. Die Unter- und Mittelschicht, die den

---

[34] *Quelle: http://www.zeit.de/news/2018-01/20/finanzen-was-passiert-bei-einem-shutdown-20091602*

Hauptteil der europäischen und US-amerikanischen Bevölkerung ausmacht, hat keine Chance mehr, sich aus eigener Kraft großartig etwas aufzubauen. Die Oberschicht wurde hingegen automatisch durch ihre Immobilien- und Aktienpakete in den letzten 10 Jahren immer reicher.

Zudem können verschärfende geopolitische Spannungen für weiteren Unmut sorgen. Der Nordkorea Konflikt könnte eskalieren. In der EU sieht es auch mau aus. Speziell die südeuropäischen Staaten sind hochverschuldet und kommen wirtschaftlich nicht auf die Beine. Für junge Leute wird in Europa einfach keine rosige Zukunft gestaltet. Eine wahnsinnig hohe Jugendarbeitslosigkeit in Portugal, Spanien, Griechenland und Italien von teilweise mehr als 40% bietet keine Zukunftsperspektiven für nachhaltige und andauernde Beschäftigung. Ein Land ohne Nachwuchs, so lautet ein Sprichwort, ist ein verlorenes Land.

3.2 Die Macht der amerikanischen Internetfirmen

Welche Internetfirmen derzeit und zukünftig die Oberhand haben, ist hier in einer schönen Grafik zu sehen: Die Zahlen stellen die Unternehmen und deren Marktkapitalisierung in Milliarden $ dar. Schön zu erkennen ist, welche Übermacht die US-amerikanischen Konzerne derzeit haben. Speziell im Vergleich zu Europa wird diese Übermacht gut sichtbar. Apple, Alphabet, Microsoft, Facebook und Amazon gegen den Rest der Welt. In Asien können immerhin drei Firmen von der Marktkapitalisierung her halbwegs mithalten. Die

Namen hierbei sind Tencent, Alibaba und Samsung. In Europa ist es lediglich der deutsche Familienkonzern SAP mit einer Marktkapitalisierung von 137 Milliarden $, der annähernd mithalten kann. Wenn wir uns aber die prozentuale Verteilung zwischen USA, Europa, Asien und Afrika anschauen, entfallen 67% auf die USA. Immerhin 31% auf Asien und lediglich 3% auf Europa. Afrika mit 2% belegt den letzten Platz. Die New Economy überrollt die ganze Welt und die Dominanz der Digitalisierung wird hierbei besonders deutlich.

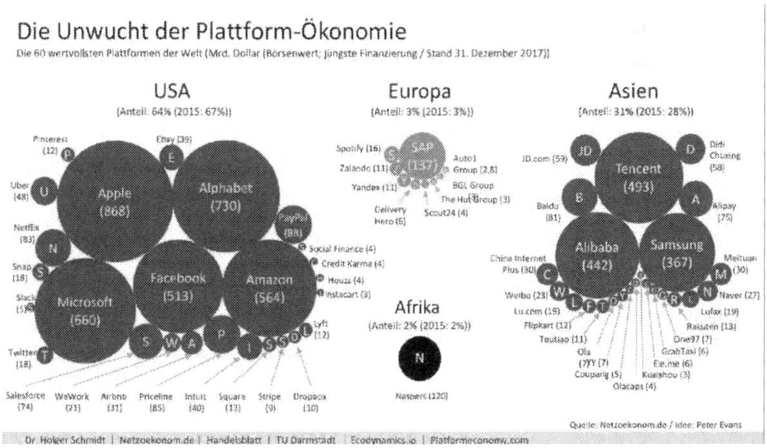

Abbildung 14: Die Übermacht aus den USA[35]

---

[35] *Quelle: https://netzoekonom.de/vortraege/*

3.3 Status Quo Wirtschaft vs. Bevölkerung?

Wussten Sie, dass zehn Unternehmen in den USA über 800 Mrd. $ an Cashreserven[36] angehäuft haben? Anbei die Auflistung der Unternehmen mit den dazugehörigen Cashquoten:

1. Apple 261,5 Mrd. $
2. Microsoft 133 Mrd. $
3. Alphabet (Google) 94,7 Mrd. $
4. Cisco 68 Mrd. $
5. Oracle 66,1 Mrd. $
6. General Electric 44,1 Mrd. $
7. Amgen 39,2 Mrd. $
8. Qualcomm 37,8 Mrd. $
9. Gilead Sciences 36,6 Mrd. $
10. Coca Cola 27,2 Mrd. $

On top zahlen die meisten dieser Firmen wenig oder gar keine Steuern, finden in Steueroasen ihren Zufluchtsort und hatten somit die Möglichkeit, diese wahnsinnig hohen Cashbeträge aufzubauen.

[36] *Quelle: http://www.wiwo.de/finanzen/boerse/top-ten-der-hohen-cash-reserven-diese-unternehmen-schwimmen-im-geld/20289728.html?p=1&a=false#chart*

Allein Apple könnte aus diesem hohen Geldbetrag deutsche Konzerne[37] wie Siemens (101 Mrd. € Marktkapitalisierung) , die Deutsche Telekom (75 Mrd. € Marktkapitalisierung) und die Deutsche Bank (19,9 Mrd. € Marktkapitalisierung) mühelos kaufen. Aber wieso tun sie es nicht? Ganz einfach, es ist Old Economy und keine New Economy. Apple und Google haben seit Jahren eine Vollbanklizenz und könnten die Deutsche Bank, Commerzbank locker aus der Hosentasche kaufen. Sie sehen keinerlei Innovationskraft und kein lukratives Geschäft. In naher Zukunft wird die Realität gnadenlos zuschlagen und viele Banker werden erkennen, dass sie nicht mehr gebraucht werden, da die Blockchaintechnologie komplett verschlafen und ignoriert wurde. Banken wie heute wird es auch nicht mehr geben, da diese überholt werden von neuen Technologien.

Ein weiterer sozialer Sprengstoff sind in Deutschland der Mindestlohn und der immer größere Niedriglohnsektor. Der Mindestlohn ist nur eine Augenwischerei, welcher von vielen Firmen auch noch umgangen wird. Im Jahr 2016 erhielten rund 4,4 Millionen Menschen weniger als 8,50€ brutto pro Stunde. Auf Basis ihrer tatsächlichen Arbeitszeit verdienen sogar 6,7 Millionen Erwerbstätige unter den 8,50€

---

[37] *Quelle: https://de.statista.com/statistik/daten/studie/322374/umfrage/die-groessten-deutschen-dax-unternehmen-nach-marktkapitalisierung/*

brutto pro Stunde. Dies ist aus einer Studie des DIW [38] nachzulesen und bestätigt somit die zunehmende Zahl des Niedriglohnsektors. Ergo hat der Mindestlohn dazu geführt, dass sich immer mehr Erwerbstätige in den Niedriglohnsektor drängen und dieser mittlerweile überflutet wird. In diesen Positionen ist die Verhandlungsmacht des Arbeitnehmers aber sehr gering. Hinzu kommt, dass Überstunden oft nicht entlohnt werden. Hinzurechnen müssen wir die vielen Selbständigen und Auszubildende, die ebenfalls unter dieser 8,50€ Hürde landen. In Summe sind wir dann bei 6,7 Millionen Erwerbstätigen angelangt, welche unter 8,50€ brutto pro Stunde verdienen.

Das Sozialsystem ist in Deutschland am Anschlag und wird aufgrund der Digitalisierung und der daraus entstehenden Arbeitslosigkeit vieler Arbeitnehmer zu einer zusätzlichen Belastung führen und irgendwann implodieren. Gleichzeitig sinkt für viele Arbeitnehmer das Rentenniveau deutlich und das Thema Altersarmut wird enorme Ausmaße[39] annehmen.

Seit dem Jahr 2005 muss nun auch die Rente versteuert werden zu 50%. Der Anteil des zu versteuernden Anteils

---

[38] *Quelle: https://www.diw.de/de/diw_01.c.572687.de/themen_nachrichten/rund_1_8_millionen_beschaeftigte_die_anspruch_auf_den_mindestlohn_haben_bekommen_weniger.html*

[39] *Quelle: http://www.zeit.de/wirtschaft/2017-12/altersarmut-gesetzliche-rentenversicherung-tafeln-jochen-bruehl*

steigt pro Jahr um 2%. So sind bis zum Jahr 2020 also 80% der Rente steuerpflichtig. Ab dem Jahr 2020 steigt der zu versteuernde Anteil nur noch um 1%.

Ich habe jetzt die beiden gegensätzlichen Entwicklungen aufgezeigt. Einerseits werden Unternehmen steuerlich gefördert, andererseits steigt die Steuerbelastung für die Mittelschicht und Privatpersonen im mittleren und unteren Einkommenssegment deutlich an. Auch für Rentner wird dieses Thema aktuell und ein enormer zusätzlicher Ballast.

In den USA sieht die Sache noch problematischer aus. Jeder zweite US-Amerikaner kann sich beispielsweise eine Autoreparatur i.H.v. 400$[40] nicht mehr leisten. In Deutschland ist das Sozialsystem so ausgeprägt, dass wenigstens bei Arbeitslosigkeit die ärztliche Versorgung und eine Wohnung bleiben. Dank dieser Grundsicherung muss keiner auf der Straße leben, wie dies in den USA der Fall ist.

Fazit

Die Digitalisierung zerstört Unmengen an Arbeitsplätzen, eine ausufernde Schuldenproblematik und die sich weiter öffnende Schere zwischen Arm und Reich werden zu gesellschaftlichen Konflikten führen.

---

[40] *Quelle: http://www.zeit.de/wirtschaft/2016-05/armut-usa-kredite-schulden-ersparnisse*

3.4 Überreguliert und überverwaltet

Durch neue gesetzliche Vorschriften beispielsweise mit MI-FID 2[41] werden neue Hürden speziell für Berater von Banken aufgebaut. Damit geht ein zusätzlicher bürokratischer Aufwand einher. Andererseits soll dies die Qualitätskontrolle und den Haftungsbereich der Banker entlasten, um beim Kunden Irritationen und Fehlinterpretationen auszuschließen oder wenigstens zu minimieren. Hierzu gehören die Aufnahme der Telefonate bei Kunden- und Interessentengesprächen sowie ausführliche Beratungsprotokolle zum Eigenschutz.

Ein gutes Beispiel dafür kann ich aus meiner Praxis bei einer unabhängigen Vermögensverwaltung erzählen. Bis ein Interessent zum Kunden geworden ist, hatte er einen Katalog an Dokumenten auszufüllen und zu unterschreiben, es hat allein einige Stunden gedauert, auch um verständlich rüberzubringen, was er letztendlich unterschrieben hat. Die Dokumente müssen anschließend vom Backoffice überprüft und der entsprechenden Bank weitergeleitet werden sowie intern abgeheftet und aufbewahrt werden. Hinzu kommt, dass man mittlerweile bei fast jeder kleineren Vermögensverwaltung eine Compliance-Stelle benötigt, welche den

---

[41] *Quelle: https://www.welt.de/wirtschaft/article169785740/So-aendert-sich-ab-Januar-2018-die-Bankberatung.html*

rechtlichen Rahmen und die Regeltreue der internen Dokumentenabläufe überprüft und auf die Einhaltung von Gesetzesgrundlagen pocht. So werden Banktransaktionen, Abrechnungen und Verträge auf Korrektheit überprüft, dokumentiert. Des Weiteren ist die Compliance das Zwischenorgan, welches bei einer Prüfung des Unternehmens zusammen mit dem bestellten Wirtschaftsprüfer hilft, den Jahresabschluss, GuV und die Bilanz zu erstellen. Ebenso werden dort wichtige Maßnahmen und Weichenstellungen für zukünftige regulatorische Anforderungen seitens der BAFIN, der höchsten Aufsichtsbehörde im Bankensektor, gestellt. Hier werden immer wieder Neuerungen und Qualitätsstandards verlangt, welche Banken und Finanzdienstleistungsinstitute zu erfüllen haben.

Durch den immensen Verwaltungsakt, der mittlerweile einer staatlichen Behörde gleicht, werden die Finanzinstitute in ihrer eigentlichen Arbeit gehemmt und haben wenig Zeit, sich um innovative Konzepte zu kümmern. Derweil tut sich eine Armada von Fintechs und Unternehmen aus dem Kryptowährungsbereich auf, die die Dezentralität und die Einfachheit als oberste Prämisse haben und die schnell in den Markt drängen. Dies ist ein Zielkonflikt, der langfristig dazu führt, dass Banken definitiv Kooperationen eingehen müssen, um nicht das Thema Digitalisierung für sich zu verschlafen. Dabei ist die Schnelligkeit heutzutage entscheidend und darin bewegen sich die Banken wie ein großer Tanker der geradewegs auf einen Eisberg zufährt, während die anderen Player wendig und schnell lenken können.

3.5 Crowdfunding macht Kredite überflüssig

Die sozialen Netzwerke rund um Peer to peer Lendings und Unternehmensfinanzierungen machen es für Banken ebenfalls schwer, Kredite an Startups oder junge Unternehmen zu geben. Ein Business Plan zu erstellen und Investoren und Banken zu überzeugen, ist ein mühseliger Weg für Start Up Unternehmen, um sich Venture Capital und andere Gelder zu besorgen. Hierzu gibt es unzählige Portale, die sich steigender Beliebtheit erfreuen. Companisto und Seedmatch haben fast im dreistelligen Millionenbereich an Investorengelder eingesammelt, Tendenz weiterhin steigend durch immer mehr Aufmerksamkeit. Es ist ganz einfach, als Privatperson als Investor zu agieren und eine Unternehmensbeteiligung zu tätigen. Die Crowd, sprich die Community an Privatinvestoren, wächst sukzessive und der Einstieg im Mikroinvestmentbereich ist schon ab 100€ Startkapital möglich. Man investiert in ein Konzept, welches ausführlich vorgestellt wird, bekommt eine Unternehmensbewertung und im Gegenzug erhält man Anteile an der Company. Der Unternehmensanteil wird folgendermaßen berechnet (Investiertes Kapital/Unternehmensbewertung): Angenommen ich investiere 100€ in eine Firma, die eine Bewertung von 2 Mio. hat, so bekomme ich 0,005% Anteile an der Unternehmung. Einfach im Portal anmelden und in das passende Konzept, von dem man überzeugt ist, investieren. Der Vorgang dauert keine 10 Minuten und man ist Investor. Vorteile für Unternehmen sind folgende: Die Investoren verteilen sich auf eine Vielzahl, die das Projekt monetär unterstützen, sprich große Summen können auch über eine Vielzahl kleiner Privatinvestoren eingesammelt werden. Meistens bewegen sich die Finanzierungsrunden zwischen 250.000€-und 2.500.000€. Dies ist schon mit 500-1000 Privatinvestoren machbar, wie abgeschlossene Finanzierungsrunden auf den jeweiligen Portalen es zeigen. Man begibt sich so nicht in die Abhängigkeit von einer Bank, die sofort den Geldhahn zudrehen könnte, wenn ihr etwas an der Planung oder den vorgelegten Zahlen nicht passt. Andererseits ist es möglich, dass Privatinvestoren sich an kleinen Firmen beteiligen können, die nicht an der Börse gelistet sind. Natürlich besteht immer die Gefahr eines Totalverlusts, dessen muss man sich bewusst sein. Privatinvestoren gehen ein Nachrangdarlehen ein, das heißt im Insolvenzfall, werden diese als letzte bedient, wenn nichts mehr vom Firmenkapitel übrigbleibt. Das Potenzial nach oben ist gigantisch, nach unten aber kann immer die Insolvenz der Firma drohen. Man sollte sich auf diesem Spielfeld also nur mit Spielgeld betätigen, dessen Verlust nicht groß schmerzt. Zudem sollte man sich vorab den Businessplan der Firma, in die man investieren möchte, ganz genau anschauen. Meistens ist der recht ausführlich dargestellt, mit Bilanzen, SWOT Analysen, Markt und Wettbewerbern. Auch die Internetpräsenz der Firma ist wichtig zu eruieren und die Frage, in welcher Branche man Geld verdienen möchte.

Summa summarum sind diese Finanzierungskonzepte für beide Parteien von Vorteil. Das junge Start Up Unternehmen muss zwar auch einen entsprechenden Business Plan vorlegen, um an Gelder zu kommen und Investoren zu überzeugen, andererseits ist das Verfahren deutlich einfacher, als sich bei jeder Kleinigkeit bei der Bank zu rechtfertigen und ganz abhängig von dieser zu sein. Zudem haben jetzt risikoreiche Anleger und Investoren die Möglichkeit, leichter zu investieren. Dies war früher nur Business Angels mit größeren finanziellen Mitteln vorbehalten gewesen. Die Investoren werden auch regelmäßig über Investorenupdates und News sowie die Quartalsberichte darüber informiert, wie der aktuelle Stand der Firma ist und wie sie sich entwickelt. Die Kommunikation zwischen dem Start Up Unternehmen und den Investoren erfolgt laufend. Diese Transparenz ist natürlich entscheidend und gehört zum Erfolgsgeheimnis des Crowdfunding.

3.6 Super Scoring für schlechtes Produkt

Was halten Sie von Analysten-Meinungen und Punktesystemen zu Produkten, die von einer vermeintlich unabhängigen Ratingagentur oder anderen Bewertungsinstanz bewertet werden? Der Banker wird diese natürlich lobpreisen, der Kunde lässt sich dadurch leicht blenden. Gehen wir ein Schritt zurück. Ein neues Bankprodukt, beispielsweise ein neuartiges Fondskonzept, kommt auf den Markt, wird mit erstklassigem Marketingmaterial beworben und in Hochglanzbroschüren an den Interessenten offeriert. Darin enthalten sind „unabhängige" Dienstleister mit Punkteskalen, die dem Interessenten suggerieren, dass das Produkt ein Premiumprodukt ist, dass es schon erstklassig ausgezeichnet wurde, dass es innovativ ist. Auf den ersten Blick möchte der Kunde den Fonds kaufen, der Banker freut sich auf seine Provision. Doch auf den zweiten Blick schaut der Interessent etwas tiefer in die Aufstellung des Fonds, seine Performance und dessen Gebühren. Die Aktienwerte, die im Fonds enthalten sind, sind nach seiner Meinung ok, die Performance kurz nach Auflage noch nicht aussagekräftig und die Gebühren im üblichen Rahmen eines Fondsprodukts zwischen 1,5%-2,5% Gesamtkosten per anno. Der Interessent nimmt die Unterlagen mit nach Hause, der Banker geht enttäuscht aus dem Beratungsgespräch, das so vielversprechend aussah, heraus. In Ruhe liest sich der Interessent den ganzen Verkaufsprospekt durch. Zeitgleich schaut er im Internet nach vergleichbaren Produkten und sieht günstigere Alternativen zu dem Fonds, welche ungefähr das gleiche Konzept und Anlageuniversum abdecken. Er ruft seinen Banker eine Woche später an und teilt ihm mit, er hat sich doch für ein anderes Produkt entschieden.

Was ist passiert?

Im Zeitalter des Internets vergleichen immer mehr Interessenten die Angebote und schließen nicht sofort beim ersten Kundengespräch mit dem Bankberater den Vertrag ab, sondern informieren sich unabhängig. Diese Transparenz ist der heutige Nachteil eines Bankers, konnte er doch auf Vertrauensbasis in den 70, 80 und 90er Jahren alles, was ihm gefiel und ihm hohe Provisionen ermöglichte, an den Mann bringen. Doch die Krisen aus der Dotcom Blase im Jahr 2000/2001 und der Finanzkrise 2008/2009 hat die Investoren vorsichtiger gemacht. Nun kommt noch das Internet als Informationsquelle hinzu. Immer mehr halten sich auch in Finanzangelegenheiten an das Sprichwort wie in der Ehe: „Drum prüfe, wer sich ewig bindet".

Die derzeitigen Internetauftritte etlicher etablierter Banken sind in meinen Augen schlecht und unprofessionell - für diese Anbieter ist der Zug abgefahren. Viele Banken mit ihren hierarchischen Strukturen tun sich schwer damit, auf neue Kundenbedürfnisse einzugehen. Gute Internetpräsenzen sind praktikabel und einfach, sie setzen auf Interaktion und Kommunikation.

3.7 Das Fahrrad Taga 2.0 Bike

Im folgenden Beispiel möchte ich ein wenig abschweifen und ein Paradebeispiel dafür zeigen, wie man Kundenbedürfnisse exakt erfüllt. Es geht um ein innovatives Fahrradkonzept für Familien mit Kindern. Das Fahrrad hat verschiedene Lastenkörbe zum Transport von Kindern und Waren und hat vorne zwei sowie hinten ein Rad. Zudem kann man es multifunktionell benutzen und zusammenklappen. Optimal für den Transport in jedem Auto geeignet, da es wenig Stauraum benötigt. Es wurde von Grund auf durchdacht, sämtliche Parameter für einen Familienausflug mit dem Bike wurden berücksichtigt und umgesetzt. Hier wurde im Gegensatz zum Beispiel Banken das Konzept von hinten hergedacht. Erstmal wurden die Probleme herkömmlicher Fahrräder für Familienausflüge analysiert, dann wurde das Produkt neu konzipiert. Ich mache hier keine Werbung, aber mich hat es fasziniert, wie hier der Kundengedanke durchgespielt wurde und mit welcher akribischen Meisterleistung gearbeitet wurde. Hier ein interessanter Link[42] zum Nachlesen des kompletten Fahrradkonzepts.

3.8 Die Bank zu Omas Zeiten

Früher war alles besser. Hören Sie diesen Satz öfters oder sind Sie mittlerweile selbst in dem Alter, wo Sie das sagen? Ich wende diesen Satz mal auf meine Erfahrungen im Bankgeschäft an. Ich bin im zarten Alter von 18 Jahren zu meiner örtlichen Sparkasse gegangen und habe dort nach Produkten für Fonds geschaut für meine Altersvorsorge. Der Termin war fixiert und der Berater war ein wenig verwundert, dass ich mich mit der Materie sehr gut auskannte. Er zeigte mir verschiedene hauseigene Produkte und Charts, sowie Entwicklungen mit verschiedenen Prozentsätzen über die Jahre. Ich war verwundert, wurden doch 9,11 und 13% an Rendite für die Produkte offeriert. Nach 20-30 Jahren Laufzeit und kleinen monatlichen Beträgen von 25€ oder 50€ würde ich mit einem netten Vermögen rechnen können. Ich nahm die Unterlagen mit nach Hause und betrachtete sie näher. Ich fand einige Fallstricke, also viele versteckte Kosten, falsche Charts und Statistiken, sowie feh-

[42] *Quelle: https://ebike-news.de/family-e-bike-taga-2-0/118351/*

lerhafte Zahlen der Entwicklung, die es nach meiner simplen Rechnung mit Excel so nicht geben konnte. Zeitgleich hatte ich mit meinen Großeltern ein Gespräch darüber, wie damals die Bankberater zu ihnen nach Hause gekommen sind. Es gab Produkte mit 6-8% Rendite, mit Sicherheit und wenig Risiko. Man trank Kaffee und aß Kuchen zusammen, unterschrieb den Vertrag und es war ein sehr freundschaftlicher und fairer Umgang. Man konnte jederzeit in der Bank vorbeikommen, stieß auf offene Türen, hatte ein gutes Gefühl, eine sichere Rente und perfekten Kundenservice.

Und heute?

Wie oben schon erwähnt, hatte ich schon als 18jähriger ein leichtes Unbehagen, wohl weil ich in Sachen Finanzprodukte für mein Alter schon extrem weit war. Und so nahm ich die Offerte der Sparkasse nicht an, sondern bevorzuge seitdem meine eigene Variante. Heute kann ich innerhalb weniger Minuten bei einer Online-Bank ein Konto eröffnen und sofort starten. Anders als zu Großelterns Zeiten kann man nicht mehr damit rechnen, seitens der Bank eine lebenslange Begleitung bei Finanzthemen zu haben. Man muss sich schon selbst schlau machen.

3.9 Was kann mein Banker besser als drei Youtube Videos? - Nichts

Zum Beispiel auf Youtube, wo man zu Finanzthemen unzählige Videos findet, die oft sehr gut erklären. Von der Depoteröffnung verschiedenster Onlinebanken als Tutorial über Unternehmensbewertung bis hin zum Handel von

Kryptowährungen ist alles dabei. Manche Youtuber haben etliche tausend Abonnenten und erfreuen sich zunehmender Beliebtheit. Einige haben nützliche Tipps und Tools und ausführliche Berichterstattung der spezifischen Themen. Kein Banker vor Ort kann mich so unabhängig und ohne Interessenskonflikt überzeugen wie ein gut recherchiertes und objektives Youtube-Video. Oft wird ein Thema von drei bis vier verschiedenen Youtubern angeboten. So kann ich mir schnell die drei bis vier Videos anschauen und vergleichen, wo Überschneidungen herrschen und wo die Unterschiede liegen und kann mir mein eigenes Urteil bilden.

So kann ich ganz bequem von daheim aus lernen und mich mental auf die Börse und andere Geldanlagen vorbereiten. Ich kann mich selbst um meine eigenen Finanzen kümmern und mich weiterentwickeln. Gerade heute können sich plötzlich neue Investmentmöglichkeiten ergeben, die mein Banker womöglich gar nicht auf dem Schirm hat. Eine unabhängige Meinung zu hören, ist dabei aber nie verkehrt und sehr ratsam. Sei es durch einen Freund, Bekannten oder Investor.

3.10 Kann man der EZB vertrauen?

Die Europäische Zentralbank EZB ist die geldpolitische Institution der EU, von der aus die Banken mit Geld versorgt werden und die unter anderem für die Geldstabilität zu sorgen hat - es gilt in der Praxis, die Inflation um die 2% Marke zu halten. Der derzeitige Chef der EZB ist Mario Draghi, ein ehemaliger Goldman Sachs-Banker. Aufgrund der Niedrigzinsen wird einerseits das deutsche Vermögen geschröpft, wobei über 2 Billionen € auf unrentierlichen Konten liegen. Diese werden sukzessive entwertet, da sie keine Rendite mehr abwerfen. Auf der anderen Seite können vermögende Investoren und der Geldadel klasse Geschäfte mit sogenannten Carry Trades vollziehen. Ich erkläre Ihnen den Carry Trade anhand eines smarten Investors aus der Immobilienbranche. Dieser hat ein interessantes Immobilienprojekt mit einer geschätzten Rendite von 10% ergattert. Das Projekt hat ein Investitionsvolumen von 10 Mio. €, wovon er 1 Mio. € an Eigenkapital hinterlegen muss. Die restlichen 9 Mio. € muss er zu 2% fremdfinanzieren. Ergo muss er 180.000€ (2% v. 9 Mio. €) an Zinskosten jährlich tragen, hat aber 1 Mio. € an Ertrag durch die 10% von 10 Mio.€. Die Differenz ist sein Ertrag, also 820.000€. Dies auf die 1 Mio. € an Eigenkapital gerechnet, ergibt eine Rendite von 82%. Eine sehr beachtliche Summe. Dieses System lässt sich auch auf andere Bereiche übertragen. Den Aktienmarkt, Immobilienmarkt und andere lukrative Investments, wo die Fremdfinanzierung als effizienter Hebel genutzt werden kann, um noch mehr Rendite herauszuschlagen. Der Privatinvestor oder nicht so vermögende Privatanleger kann dieses Modell auch in kleinerem Umfang fahren, aber nicht in den oben erwähnten Größenordnungen. So lässt sich schon mit minimalen Einsätzen recht schnell Geld vermehren mit ansehnlichen Renditen.

Kommen wir zurück zur EZB. Ihre derzeitige Politik ist definitiv nicht für die Mehrheit der Bevölkerung von Vorteil. Wie lange diese Entwicklung noch gut geht, wage ich nicht zu prognostizieren, auf jeden Fall wird es ein böses Ende nehmen. Der Reichtum durch Kapitalanlage steigt um ein

Deutliches mehr als die Arbeit durch „Angestelltenverhältnisse". Immobilien-, Aktienbesitzer und Kunstsammler wurden in den letzten 9 Jahren sehr vermögend - weil sie vorher schon vermögend waren. Dagegen wird es für Mittellose und einfache Arbeiter immer schwerer, überhaupt etwas zu sparen.

Thema Wirtschaftssanktionen

Wirtschaftssanktionen, wie sie Nordkorea und Russland auferlegt worden sind, können ganz anonym durch die Kryptowährungen unterlaufen werden. Wir befinden uns bei den Kryptowährungen außerhalb des FIAT Money Systems. Sie laufen außerhalb staatlicher Regulierung und können für zwielichtige Geschäfte genutzt werden. Ein Nachteil ist die hohe Volatilität sprich die Schwankungsbreite. Aber mit Kryptowährungen können Projekte auch außerhalb der Sanktionen finanziert werden. Wie die Regierungen zukünftig damit umgehen, in welcher Weise sie dies weiter tolerieren oder ihre eigenen Kryptowährungen auf den Markt bringen, bleibt abzuwarten. Eine Bedrohung für das bestehende Geldsystem sind diese neuen Währungen allemal.

3.11 Crypto Valley – Was treibt die Schweiz?

In der Schweiz, speziell in der Stadt Zug, einem sehr beschaulichen Ort mit knapp 30.000 Einwohner ist ein wahrlicher Hype um die neuen Kryptowährungen entstanden. Attraktiv ist der Standort aufgrund der niedrigen Steuern und der unaufdringlichen Regulierung. Es haben sich unzählig neue Startups aus der Kryptoszene hier angesiedelt. Deshalb der Name Crypto Valley. Zudem hat der Stadtrat ein großes Zeichen pro Kryptowährungen gesetzt. Im örtlichen Einwohneramt wird Bitcoin als offizielles Zahlungsmittel akzeptiert. Ein sehr fortschrittliches Zeichen des Oberhauptes der Stadt. Das ganze Thema steht erst am Anfang seiner Entwicklung und primär wird an der Infrastruktur gearbeitet. Noch 2018 ist zu erwarten, dass einige Apps auf dem Markt kommen oder Online Bezahldienste sowie Messenger mit verschiedenen Coinzahlungsmöglichkeiten auf den Markt drängen. Des Weiteren bietet sich eine Stiftungsgründung bei der Suche nach Investorengelder an, da die ICOs (Initial Coin Offerings) also die Neuemissionen mit Geld überhäuft werden. ICOs ist wie bei neuen Börsengängen (IPOs) die erstmalige Verfügung oder Zugänglichmachung der Coins an die Allgemeinheit der Privatinvestoren.[43] Hierzu bietet sich natürlich auch die Stiftungsvariante nach schweizerischem Recht an, die diese Gelder dann verwaltet.

---

[43] *Quelle: https://www.handelszeitung.ch/blogs/bits-coins/boom-im-crypto-valley-zug-1415890*

3.12 Digitalisierung 4.0 – Arbeitslosigkeit im Quadrat!

Die Digitalisierung wird speziell in Deutschland zu erheblichen Veränderungen führen. Die Bevölkerung in Deutschland altert und die Geburtenrate ist mit 1,5 Kinder[44] derzeit eine der niedrigsten in Europa. Zeitgleich vergreist Deutschland immer mehr. Bis zum Jahr 2035 werden 25,8% der Bevölkerung über 67 Jahre alt sein. Derzeit liegen wir bei unter 20%. Dies geht aus einer Studie vom Institut der deutschen Wirtschaft[45] hervor. Was die ganze Sache aber noch viel schlimmer macht ist, die Digitalisierung in der Wirtschaft. Unsere Industrieproduktion haben wir nach China, Indien und andere Länder verlegt, die uns sukzessive den Rang ablaufen und viel günstiger produzieren. Wir lassen es zu, dass unser technischer Fortschritt aus den Händen gerät. Wir lassen es zu, dass die Chinesen eine

---

[44] *Quelle: http://www.spiegel.de/gesundheit/schwangerschaft/geburten-in-deutschland-statistisches-bundesamt-jede-fuenfte-frau-bleibt-kinderlos-a-1159787.html*

[45] *Quelle: https://www.iwkoeln.de/fileadmin/publikationen/2017/348207/IW_Studie_Perspektive_2035_Web.pdf*

der renommiertesten Roboterfirmen in Deutschland kaufen, nämlich KUKA[46]. Die deutsche Automobilbranche verschläft derweil die Wende zum Elektroauto und investiert in selbstfahrende Autos sowie Assistenten, die niemand will oder besser gesagt braucht.

In 5 bis maximal 10 Jahren bist du eine 0 oder 1, digital eben. Die IT-Kenner, Informatiker und Ingenieure können von überall aus arbeiten, weil sie keine Rohstoffe und Ressourcen benötigen. Sie werden Deutschland den Rücken kehren und dort hinziehen, wo ihnen das Umfeld ein angenehmes Leben ermöglicht. Gleichzeitig tun wir durch unsere hohe Steuerlast und enorme Abgaben viel dafür, dass diese „Highperfomer" aus dem Land getrieben werden. Übrig bleiben die „0en", die durch das Sozialsystem aufgefangen werden. Diese Situation können wir kaum noch ändern und nehmen sie einfach so hin. Dabei müsste Deutschland für die „1en" attraktiv sein, um diesem Dilemma zu entkommen.

Wie ich in einem vorherigen Kapitel aus der MC Kinsey Studie schon dargelegt habe, werden bis zum Jahr 2030 dramatische Veränderungen stattfinden. Laut Studie könnten 24% der sozialversicherungspflichtigen Angestelltenver-

---

[46] *Quelle: http://www.augsburger-allgemeine.de/wirtschaft/Deshalb-haben-die-Chinesen-Kuka-gekauft-id40256182.html*

hältnisse wegfallen. Dies wären in Deutschland rund 12 Millionen Jobs. Weltweit wären 800 Millionen Jobs betroffen. Eine erschreckende Zahl.

Eine Assistentin/Sekretärin kann problemlos durch eine virtuelle Assistentin ersetzt werden. Die Kommunikation kann via Mail und Skype problemlos geführt werden. Wieso eine Bürokraft für einige Tausend Euro im Monat einstellen, wenn ich eine zuverlässige virale Person hier oder im Ausland habe, die mir die Arbeit abnimmt und oftmals nur auf Stundenbasis bezahlt wird, also wirklich für das, was die Person geleistet hat? Dabei sind die Löhne im Ausland deutlich geringer. Kluge und vorausschauende Unternehmer können vieles schonheute kostengünstig outsourcen. Dafür gibt es spezielle Portale wie fiverr.com, wo Freelancer ihre Dienstleistungen anbieten. Auftraggeber und Auftragnehmer können sich auf dieser Plattform begegnen. Man braucht keinen Büroraum mehr mit festen Arbeitszeiten, sondern vollkommene Flexibilität und Absprache via Computer oder Laptop. Experten für jedes Fachgebiet gibt es auch im Ausland zu deutlich günstigeren Kosten.

Ich fahre dieses System in kleinem Rahmen und arbeite mit Partnern aus verschiedenen Ländern, die für mich zuverlässig und mit höchster Qualität arbeiten. Diese Länder sind Thailand, Frankreich, USA und die Schweiz. Persönlich gesehen habe ich bisher nur meinen Lektor, mit dem ich mich regelmäßig zum Mittagessen in Frankreich treffe.

Was will ich damit sagen?

Ich nutze schon selbst die Vorteile der Globalisierung im geschäftlichen Sinne. Natürlich habe ich mir ein breites Wissen auch in der IT aneignen können, trotzdem gibt es für diese Bereiche Experten, die ihr Dienstleistung zu sehr fairen Konditionen anbieten. Wieso sollte ich das nicht outsourcen, wenn mir dadurch für meine Projekte mehr Zeit bleibt?

3.13 Derzeitige Substituierbarkeit von Arbeitsplätzen

Schauen wir uns an, welche Berufe nach dem derzeitigen Stand der Technik schon komplett oder teilweise von Algorithmen oder computergesteuerten Systemen ersetzt werden könnten.

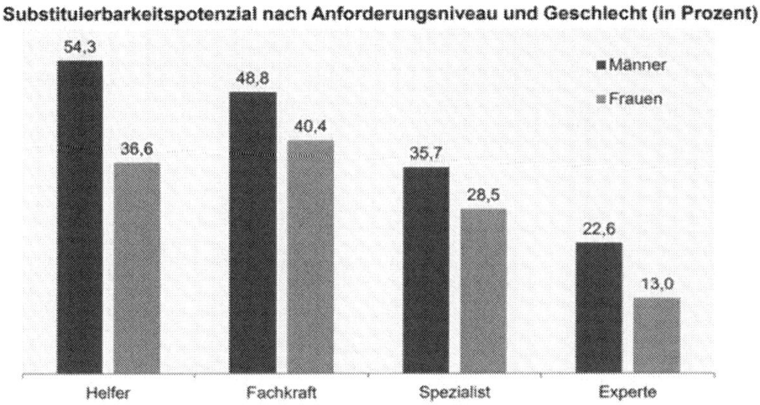

Abbildung 15: Substituierbarkeit von Jobs differenziert nach Geschlecht.[47]

Diese Grafik verdeutlicht, dass einfache Jobs gerade bei den Männern schon zu 54,3% durch Computer ersetzt werden können. Bei einfachen Berufen von Frauen liegt die

[47] *Quelle: Dengler/Matthes (2015,a,b), BERUFENET (2013), eigene Berechnungen.*

Quote lediglich bei 36,6%. Die Gefahr liegt bei Männern also deutlich höher ist als bei Frauen, zukünftig durch Maschinen ersetzt zu werden. Je höher die Qualifizierung, desto niedriger wird die Gefahr, durch algorithmische und lernfähige Computer ersetzt zu werden. Ich gehe kurz auf die Begriffe ein:

Helfer - keine berufliche, maximal einjährige Ausbildung

Fachkraft - mindestens zweijährige Berufsausbildung oder berufsqualifizierender Abschluss einer Berufsfachschule

Spezialist – Meister- oder Technikerausbildung bzw. weiterführender Fachschul- oder Bachelorabschluss

Experte – mindestens vierjähriges abgeschlossenes Hochschulstudium

Aber wieso sind Männer einer deutlich höheren Gefahr ausgesetzt sind als Frauen, auf Dauer durch Maschinen abgelöst zu werden?

Schauen wir uns hierzu die nächste Grafik an, welche das Rätsel auflöst:

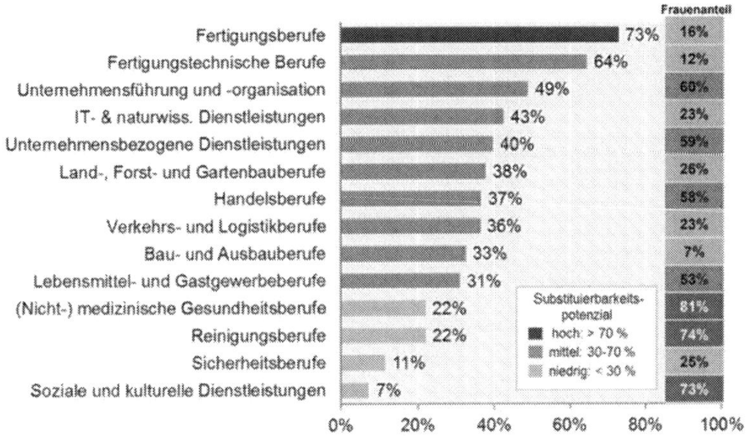

Abbildung 16: Berufe absteigend sortiert nach Substituierungsgefahr[48]

Die größte Gefahr besteht im Bereich der Fertigungsberufe und fertigungstechnischen Berufe mit einem Substituierbarkeitspotenzial von 73% bzw. 64%. Hier liegt der Männeranteil bei 84% bzw. 88%. Das betrifft hauptsächlich die Automobilbranche und den Zuliefererbereich. Noch gefährlicher an dieser gruseligen Situation stimmt mich, dass die Studie vom Stand der Technik aus dem Jahr 2013 ausgeht. Da die Prozesse fünf Jahre später schon viel ausgereifter ist, nehme ich an, dass die Substituierbarkeitsquote von

[48] *Quelle: Dengler/Matthes (2015) auf Basis BERUFENET (2013); Beschäftigungsstatistik der BA (Stand: Juni 2015)*

Maschinen und computergestützten Computern mittlerweile in Fertigungsberufen bei über 80% liegt. Wer jetzt noch denkt, sein Job wäre sicher bei einem Automobilkonzern oder Zulieferer, der träumt ganz schön vor sich hin. Auch der Mittelstand ist betroffen und komplette Produktionsstätten von Unternehmen, welche durch Roboter ersetzt werden können. Vorteil der Roboter: Diese arbeiten 24 Stunden a 7 Tage, wenn es sein muss. Was kann der Einzelne tun? Sich weiterbilden, vom Helfer über die Fachkraft bis hin zum Spezialisten oder sogar Experten. Je höher die Fachexpertise, umso geringe ist die Entbehrlichkeit.

Frauen sind mehr in Bereichen tätig, die eine niedrige Substituierbarkeit aufweisen, zum Beispiel in den Gesundheits- und Pflegeberufen mit einem 81prozentigen Frauenanteil. Reinigungsberufe haben einen 74prozentigen Frauenanteil, soziale und kulturelle Dienstleistungen kommen auf 73%. Diese Berufe sind nach dem heutigen Stand der Technik schwer zu ersetzen. Der Prozentsatz des Substituierbarkeitspotenzials liegt nur bei 22% bzw. 7%.

Laut einer neuen Studie aus dem Jahr 2018 von Bitkom sind schon in den nächsten 5 Jahren rund 3,4 Millionen Jobs[49] in Deutschland gefährdet. Dies ist ein Anteil von ins-

---

[49] *Quelle: http://www.zeit.de/wirtschaft/2018-02/arbeitsmarkt-digitalisierung-roboter-arbeitnehmer-stellenverlust*

gesamt über 10% der derzeit sozialversicherungspflichtigen Angestelltenverhältnisse. Beispiel Kommunikationstechnik: hier sank die Zahl der Arbeitsplätze in den letzten 15 Jahren von 200.000 auf derzeit 20.000. Das könnte auch auf Banken- und Versicherungen zukommen.

4 Kryptowährungen

Seit einer Weile erfreuen sich Kryptowährungen einer steigenden Beliebtheit. Der Fortschritt liegt vor allem in der Dezentralität von Daten und der im Moment noch nicht vorhandenen Regulierung von staatlicher Seite. Ein Spielfeld für IT-Könner, Betrüger, illegaler Geschäftemacher und innovative Unternehmer gleichermaßen. Dabei ist jeder ein Kryptoexperte und die Youtube-Kanäle mit Kryptomillionären werden geflutet von 20-jährigen Kryptowährungsexperten, die jede Woche neue Kursziele von neuen Coins raushauen mit exorbitanten Gewinnchancen von mehreren hundert, wenn nicht sogar tausenden von Prozenten. Auf coinmarketcap.com hat man einen groben Überblick über die unzähligen Coins, man kann die Performance anschauen und an welchem Handelsplatz man die entsprechende Währung kaufen kann und wie hoch die Marktkapitalisierung derzeit ist. (Marktkapitalisierung = Anzahl der umlaufenden Coins multipliziert mit dem aktuellen Kurswert). In den letzten Wochen lag die Marktkapitalisierung aller Kryptowährungen zwischen 500-700 Mrd. $. Als Vergleich, dies entspricht ungefähr der Bewertung des Unternehmens Amazon. Die beiden von der Marktkapitalisierung größten Kryptowährungen Bitcoin und Ethereum machen dabei über 50% aus. Die mediale Aufmerksamkeit steigt derweil immens, auf sämtlichen Finanzportalen wird derzeit mit Werbebanner Investments in Kryptowährungen empfohlen. Einige Coins haben sicherlich eine langfristige Berechtigung, am Markt zu bleiben. Die Innovation hinter den Konzepten ist bei einigen Coins durchaus gegeben.

4.1 Ripple, IOTA und Siacoin

Hier möchte ich Ripple (XRP), IOTA (MIOTA) und Siacoin (SC) nennen. Ripple ist beispielsweise mit mehreren Banken in Kooperationen, um den internationalen Zahlungsverkehr zu revolutionieren. Künftig sollen Zahlungen innerhalb von 3-5 Sekunden möglich sein. Bisher dauerte so eine Transaktion mehrere Werktage bei unzureichender Informationslage. Der Wechselkurs konnte nicht genau definiert werden und somit war bei größeren Überweisungen ein Risiko vorhanden. Dies fällt alles durch die neue Technologie von Ripple weg. Nach deren Internetpräsenz stehen sie auch schon mit über 100 Banken in Gesprächen und Kooperationen. Unter anderem nutzen folgende große Bankhäuser das System von Ripple: American Express, UBS, Santander, Credit Agricole und Unicredit. Weitere Firmen, die diese Technologie mittlerweile nutzen finden sich auf der Homepage von Ripple[50].

Ein weiterer interessanter Coin ist IOTA. Das Berliner Start-up ist für Technikunternehmen interessant. So hat die Firma Bosch Ende 2017 über einen Risikofonds eine beträchtliche Menge in IOTA Token investiert. Bosch will als

---

[50] *Quelle: https://ripple.com/*

Kooperationspartner agieren und so die Technik weiterentwickeln. Zielsetzung langfristig ist es, dass Roboter gemeinsam miteinander arbeiten, lernen, miteinander zu kommunizieren[51], sich selbst Rechnungen stellen und selbst bezahlen. Weitere Partner sind beispielsweise VW und Microsoft. Die Grundlage bei IOTA bildet aber keine Blockchain wie bei Bitcoin, sondern ein sogenanntes Tangle Verfahren. Der Unterschied zur Blockchain ist, dass nicht alle Transaktionen in der Historie aufgelistet sind, sondern nur ein Flechtwerk (ein willkürliches Paar einer vergangenen IOTA Transaktion). Vorteil des Tangle Verfahrens gegenüber der Blockchain ist, dass es wirtschaftlich nicht schwerfälliger wird, da die Auflistung der gesamten Transaktionshistorie nicht von Nöten ist. Ein Manko bleibt aber weiterhin die hohe Volatilität des Coins. Schwankungen von 20-30% am Tag sind für Unternehmen eher abschreckend, sollte diese Technologie zum Einsatz kommen.

In meinen Augen ist der Siacoin ein Paradebeispiel für eine hochmoderne Innovation. Die Company stellt eine dezentrale Cloud zur Verfügung, die auch noch privat ist. Im Gegensatz zu Dropbox, der Amazon oder Google Cloud ist die Dienstleistung dann auch noch wesentlicher günstiger. Hier

---

[51] *Quelle: http://www.manager-magazin.de/unternehmen/artikel/iota-statt-bitcoin-die-kryptowaehrung-der-konzerne-a-1186991.html*

4.1 Ripple, IOTA und Siacoin

Hier möchte ich Ripple (XRP), IOTA (MIOTA) und Siacoin (SC) nennen. Ripple ist beispielsweise mit mehreren Banken in Kooperationen, um den internationalen Zahlungsverkehr zu revolutionieren. Künftig sollen Zahlungen innerhalb von 3-5 Sekunden möglich sein. Bisher dauerte so eine Transaktion mehrere Werktage bei unzureichender Informationslage. Der Wechselkurs konnte nicht genau definiert werden und somit war bei größeren Überweisungen ein Risiko vorhanden. Dies fällt alles durch die neue Technologie von Ripple weg. Nach deren Internetpräsenz stehen sie auch schon mit über 100 Banken in Gesprächen und Kooperationen. Unter anderem nutzen folgende große Bankhäuser das System von Ripple: American Express, UBS, Santander, Credit Agricole und Unicredit. Weitere Firmen, die diese Technologie mittlerweile nutzen finden sich auf der Homepage von Ripple[50].

Ein weiterer interessanter Coin ist IOTA. Das Berliner Startup ist für Technikunternehmen interessant. So hat die Firma Bosch Ende 2017 über einen Risikofonds eine beträchtliche Menge in IOTA Token investiert. Bosch will als

---

[50] *Quelle: https://ripple.com/*

Kooperationspartner agieren und so die Technik weiterentwickeln. Zielsetzung langfristig ist es, dass Roboter gemeinsam miteinander arbeiten, lernen, miteinander zu kommunizieren[51], sich selbst Rechnungen stellen und selbst bezahlen. Weitere Partner sind beispielsweise VW und Microsoft. Die Grundlage bei IOTA bildet aber keine Blockchain wie bei Bitcoin, sondern ein sogenanntes Tangle Verfahren. Der Unterschied zur Blockchain ist, dass nicht alle Transaktionen in der Historie aufgelistet sind, sondern nur ein Flechtwerk (ein willkürliches Paar einer vergangenen IOTA Transaktion). Vorteil des Tangle Verfahrens gegenüber der Blockchain ist, dass es wirtschaftlich nicht schwerfälliger wird, da die Auflistung der gesamten Transaktionshistorie nicht von Nöten ist. Ein Manko bleibt aber weiterhin die hohe Volatilität des Coins. Schwankungen von 20-30% am Tag sind für Unternehmen eher abschreckend, sollte diese Technologie zum Einsatz kommen.

In meinen Augen ist der Siacoin ein Paradebeispiel für eine hochmoderne Innovation. Die Company stellt eine dezentrale Cloud zur Verfügung, die auch noch privat ist. Im Gegensatz zu Dropbox, der Amazon oder Google Cloud ist die Dienstleistung dann auch noch wesentlicher günstiger. Hier

---

[51] *Quelle: http://www.manager-magazin.de/unternehmen/artikel/iota-statt-bitcoin-die-kryptowaehrung-der-konzerne-a-1186991.html*

eine Übersicht der Vorteile und Preise der Speicherung einer Datenmenge von 5 Terrabyte.

How many TB?

5

Storage Provider	Monthly Storage Cost	Download Bandwidth Cost	Private	Decentralized	Included Multi Region Redundancy
Sia	$10	$5	✓	✓	✓
Amazon S3	$115	$460	✗	✗	✗
Google Cloud	$100	$550	✗	✗	✗
Microsoft Azure	$120	$435	✗	✗	✗

Abbildung 17: Menge an Daten zum Speichern und Preise[52]

Also zähle ich nochmals die Vorteile auf:

- Dezentraler Cloud Speicher
- Reine Privatsphäre
- Robust
- Kostengünstig
- Open Source

Die Frage, die sich aber stellt - kann Sia in dieser Nische der Cloud Speicherung langfristig mit den großen Konkurrenzunternehmen wie Dropbox, Microsoft, Amazon und Google mithalten? Sind die dezentralen Server so schnell bei der Übertragung der Daten wie die Konkurrenz? Dies

[52] *Quelle: https://sia.tech/*

alles bleiben spannende Fragen bei der weiteren Entwicklung des Coins.

Fazit:

Grundsätzlich möchte ich nochmals darauf hinweisen, dass dies keine Anlageempfehlungen meinerseits sind. Der Kryptomarkt ist derzeit in einem wahnsinnigen Hype. Die oben erwähnten Coins haben in meinen Augen eine Technik, welche sich langfristig durchsetzen könnte, sodass sie wirtschaftlich arbeiten und die derzeitige Marktkapitalisierung als gerechtfertigt erscheint. Der Kryptomarkt ist hochspekulativ und sehr volatil. Als Investment sollte diese Spielwiese nur mit Spielgeld betreten werden, dessen Totalverlust auch verkraftbar ist. Natürlich gibt es unzählige weitere Coins mit herausragenden innovativen Ideen. Meine drei Vorschläge sind nur Beispiele. Sie müssen sich selbst ein Bild verschaffen und sich in die Materie einlesen. Hier kann ich das Buch „Kryptowährungen einfach erklärt: Bitcoin, Ethereum, Blockchain, Dezentralisierung, Mining, ICOs & Co. „von Dr. Julian Hosp empfehlen.[53] Dieser ist wirklich ein Experte auf dem Gebiet.

---

[53] *Quelle: https://www.amazon.de/Kryptow%C3%A4hrungen-einfach-erkl%C3%A4rt-Blockchain-Dezentralisierung/dp/9881485096/ref=as_li_ss_tl?s=books&ie=UTF8&qid=1516532922&sr=1-1&keywords=dr.+julian+hosp&linkCode=sl1&tag=o-erseneinmale-21&linkId=bfe9b01e01f9207d072c0c2e3b810191*

4.2 Crypto Trading Bots

Seit neuestem gibt es auch Handelssysteme, die verschiedene Strategien über Software-Lizenzen anbieten. Sogenannte Trading Bots ermöglichen dem Nutzer, Trends von verschiedenen Börsen zu beobachten und entsprechend vorausschauend zu handeln. Anhand von Chartanalysen und vergangenen Indikatoren soll hier vornehmlich für Kryptotrader eine optimale Plattform gestaltet werden, um angeblich saftige Gewinne einzustreichen. Solche Tradingtools gibt es ja vermehrt für Aktien, Rohstoffe und andere Märkte. Rund um den Hype und die Vielzahl an globalen Investoren ist eine neue Nische zum Geldverdienen für Trader entstanden, welche sich auf das Trading mit Krypotwährungen spezialisiert hat. Die Schwankungen sind deutlich höher als bei Aktienmärkten, somit die Profitchance auch gänzlich höher. Aber ich meine, dass sich lediglich Profis mit jahrelanger Erfahrung diesem Thema widmen sollen. Als Anfänger ohne jegliche Handelserfahrung hat man auf diesem Spielfeld keine Chance auf das schnell verdiente Geld. Wer sich mit der Thematik näher beschäftigen möchte findet einen guten Artikel auf btc-echo.de. [54]

---

[54] *Quelle: https://www.btc-echo.de/bitcoin-trading-bot-haasbot-automatisiert-bitcoin-handel/*

4.3 Kryptowährung – ein Paradies für Verbrecher!

Gefahren bei Kryptowährungen bestehen hinsichtlich regulatorischer Maßnahmen, die einerseits Beschränkungen umfassen können und sogar Verbote. Andererseits haben wir gesehen, dass auch sogenannte Exchanges, wo FIAT Moneywährungen in Coins getauscht werden, auf einmal gehackt werden können und man nicht an das Geld kann oder es komplett von der Wallet weg ist.[55] Weitere Probleme könnten Krisen an den Kapitalmärkten sein, die automatisch den Kryptomarkt mit nach unten ziehen könnten. Wenn Privatinvestoren Geld abziehen aufgrund von Panik oder Hysterie, kann dies ein Dominoeffekt auslösen. Hier spielt die psychologische Komponente eine große Rolle. Automatisch werden sie aufgrund von Vertrauensverlust das Geld auch aus anderen Häfen abziehen. Dieses Beispiel haben wir 2008/09 bei der Subprime Krise par excellence gesehen. Der Aktienmarkt brach zusammen und man hätte annehmen müssen, dass der sichere Hafen, nämlich der Gold- und Silbermarkt, davon profitiert. Doch zunächst fielen die Edelmetallpreise ebenfalls deutlich, bevor sie sich

---

[55] *Quelle: https://finanzmarktwelt.de/kryptoboerse-gehackt-risiken-und-nebenwirkungen-fuer-haendler-von-kryptowaehrungen-76808/*

von den Aktienmärkten und deren Abwärtsstrudel lösen konnten.

Ein weiterer Schneeball könnte die Kreditkarte sein. Viele Anleger beanspruchen ihre Kreditkarte, um Geld auf verschiedene Handelsplattformen zu manövrieren, um damit in Kryptocoins zu investieren. Hier ist der Nachteil, dass bei Kreditkarten horrende Zinsen verlangt werden. Sollten die Kryptowährungen mittel- bis langfristig eher nach unten tendieren, könnten neben den Kursverlusten zusätzlich noch die Zinsen auf den Kredit doppelt belasten. Es wäre dasselbe wie bei einem Wertpapierkredit, wo Aktien auf Pump gekauft werden. Eine Verkettung oder ein sogenannter Black Swan (ein unvorhergesehenes Ereignis) von Problemen könnte für den Anleger dramatische Auswirkungen haben. Ich fasse die Punkte mit einer Eintrittswahrscheinlichkeitsverteilung zusammen:

- Regulatorische Maßnahmen und Eingreifen der Politik in das Geschehen, Eintrittswahrscheinlichkeit 25%

- Hackerangriffe auf CryptoExchanges und somit Sicherheitsrisiken, Eintrittswahrscheinlichkeit 20%

- Eine mögliche Aktien- und oder Immobilienkrise schlägt auf Kryptomarkt durch, Eintrittswahrscheinlichkeit 15%

- Kreditkartenbelastung und Sollzinsen geraten außer Kontrolle, Eintrittswahrscheinlichkeit 10%

Ich erachte die einzelnen Punkte als nicht so dramatisch, sollten aber zwei oder drei Punkte gleichzeitig eintreffen, könnte dies verheerende Folgen für den gesamten Markt mit sich bringen. Also wissen Sie jetzt ungefähr, auf was Sie sich dort einlassen.

4.4 Die Besteuerung von Kryptowährungen

Seit dem Boom am Kryptomarkt muss man sich auch näher mit der Besteuerung auseinandersetzen, die bei Verkaufserlösen teilweise anfällt. In Deutschland fällt bei einer Haltedauer von mindestens einem Jahr keine Steuer an, da die Spekulationsfrist abläuft. Wird innerhalb von einem Jahr eine Kryptowährung ge- und wieder verkauft mit Gewinn, fallen Kapitalertragssteuer plus Soli und eventuell Kirchensteuer an. Dies ist aber erst der Fall, wenn der Gewinn 600€ übersteigt, dann wird aber der komplette Betrag veranschlagt. Hier einige Beispiele:

Fall 1: Am 1.1.2016 kauft Investor A Bitcoins für 5000€. Er verkauft diese am 1.10.2016 für 8000€, also mit 3000€ Gewinn. Somit muss er die 3000€ komplett versteuern, da An- und Verkauf innerhalb eines Jahres getätigt wurden.

Fall 2: Am 1.1.2016 kauft Investor B Bitcoins für 1000€. Er verkauft diese am 1.10.2016 für 1500€, also mit 500€ Gewinn. Er muss nichts davon versteuern, obwohl die Haltedauer unter einem Jahr liegt, da er unter der Freigrenze von 600€ liegt.

Fall 3: Am 1.1.2016 kauft Investor C Bitcoins für 1000€. Er verkauft diese am 2.10.2016 für 1601€, also mit 601€ Gewinn. Er muss diesen Betrag komplett versteuern, da er die Grenze von 600€ überschritten hat und die Haltedauer unter einem Jahr liegt.

Fall 4: Am 1.1.2016 kauft Investor D Bitcoins für 2000€. Er verkauft diese am 1.10.2017 für 7000€, also mit 5000€ Gewinn. Er kann die 5000€ steuerfrei für sich einsacken, da zwischen An- und Verkauf eine Haltedauer von über einem Jahr liegt.

4.5 Hashgraph die nächste technologische Revolution?

Wir haben jetzt ausführlich über den Kryptomarkt diskutiert und die Blase identifiziert, aus der sich eventuell ein paar Innovationen mittel-bis langfristig durchsetzen könnten. Seit neuesten schlummert aber der Begriff Hashgraph in der Blockchaincommunity umher. Dies steht erst am Anfang seiner Entwicklung. Die Vorteile der Technologie sind folgende:[56]

- Sichere und faire Kommunikation
- Schnelle und kostenlose Transaktion
- Korrektheit die Konsistenz und Integrität der Daten

Tiefergehende Informationen zu diesem Thema finden Sie unter folgenden Youtube Links:

https://www.youtube.com/watch?v=evWBgNdWNDk

https://www.youtube.com/watch?v=SF362xxcfdk

---

56 *Quelle: http://www.blockchain-investment.at/hashgraph-tratsch-ueber-tratsch/*

5 Das Wachsen einer neuen Branche: Robo Advisor

Wie eben schon erwähnt, entsteht durch die Künstliche Intelligenz in der Finanztechnologie (Fintechs) eine neue Branche, welche erst am Anfang ihrer Entwicklung steht. Die Robo Advice Unternehmen sprießen wie Pilze aus dem Boden, haben finanzkräftige Kapitalgeber und legen ein immenses Tempo in der Expansion vor. Am Anfang steht das Thema Wachstum um jeden Preis auf dem Programm. Schnellstmöglich Reichweite zu generieren und sich als Platzhirsch erweisen. Die Geschäftsbereiche der Fintech Unternehmen sind unterschiedlich angesiedelt. Von der Blockchain Technologie, bei der bestehende Prozesse optimiert werden, über Cloud Lösungen bis hin zu Robo Advisor[57] (online Geldmanager) die mit Algorithmen, größtenteils in ETFs das Geld anlegen. Die Robo Advisor verwalten in Summe mittlerweile über 1 Mrd. € an Kundengelder in Deutschland. Dies ist noch ein relativer kleiner Batzen vom Kuchen, wenn man bedenkt, dass allein über 2 Billionen € an Geldern sinnlos und unrentabel auf deutschen Konten

---

[57] *Quelle: https://www.heise.de/newsticker/meldung/Ihr-Geld-wird-smart-wie-Fintechs-die-Finanzbranche-aufmischen-3661188.html*

schlummern.[58] Aber kommen wir zurück zum Thema: Es gibt mittlerweile eine Vielzahl von digitalen Vermögensverwaltern. Der größte Anbieter ist derzeit Scalable Capital aus München, die allein über 500 Mio. € an Kundengeldern verwalten. Tendenz weiter stark steigend. Im Schnitt sammeln sie derweil 1-2 Millionen € pro Tag ein. Vorteil bei der Sache ist, es läuft alles automatisiert ab und es ist kein Mensch mit Emotionen mehr dahinter, der die Anlageentscheidung trifft. Man vertraut dem Roboter sein Geld an und weiß letztendlich nicht genau, nach welchen Kriterien die Kauf- oder Verkaufsentscheidung getroffen wird. Ein Algorithmus steht dahinter und konzipiert die Vehikelstruktur. Ein Verweis in eigener Sache: Ich bekomme keine finanzielle Zuwendung bei Erwähnung der genannten Fintechs. Dadurch entsteht keinerlei Interessenskonflikt.

Klar ist, dass der Roboter ein Vorteil gegenüber dem menschlichen Handel bei der Geldanlage hat. Er blendet nämlich vollkommen die emotionale Seite aus und kann dadurch Fehler, die oftmals in der labilen Psyche des Menschen liegen, ausmerzen. Bei Emotionalität werden kognitive und affektive Reize stimuliert, die den klaren Verstand vernebeln und so zu Fehleinschätzungen führen. Dies ist

---

[58] *Quelle: http://www.focus.de/finanzen/experten/bielmeier/geldanlage-vermoegen-der-deutschen-waechst-auf-5-7-billionen-euro_id_6452234.html*

insbesondere beim Aktienhandel eine große Gefahr. Andererseits handelt ein Algorithmus recht starr und stringent, was eine gewisse Unberechenbarkeit nach sich zieht, oder? Vielen Privatanlegern, mich mit eingeschlossen, interessiert es wahnsinnig, was sich in dieser „Black Box" hintendran befindet, wie so ein Robo Advisor agiert und wie er handelt. Diese Transparenz möchte ich nach und nach durch mein Vergleichsportal darstellen und den Fintech Unternehmen die Möglichkeit geben, dies per RSS Feed offen zu kommunizieren. Natürlich sind die Fintechs bestrebt, über ihre Technik nichts Großartiges preiszugeben, aber ein gewisses Verständnis muss schon vorhanden sein.

Der Plan ist erst am Anfang, trotzdem würde ich mich freuen, Sie auf meiner Seite www.robovergleich.de wiederzufinden. Sie wird definitiv einen Mehrwert bieten und neue Pfade in der Kommunikation mit dem Endkunden bereitstellen. Dies wird eine neue, ehrliche Ära einleiten, in der offene Fragen direkt mit den Firmen kommuniziert und beantwortet werden können. Auch werde ich dafür sorgen, dass die Informationen regelmäßig fließen und keine Themen ausgelassen werden. So wird eine vertrauensvolle Community geschaffen, bei der der Austausch untereinander an oberster Stelle steht.

Im Folgenden habe ich einige Experten von digitalen Vermögensverwaltern nach deren Einschätzung gefragt. Thema: Digitalisierung und der Wandel in der Finanzbranche. Bereits heute nutzen Jugendliche YouTube, können dort Videos bearbeiten und hochladen, beherrschen auf Knopfdruck jedes neue Handy und sind gewohnt, online Geschäfte zu tätigen. Der Trend, so scheint es sich abzuzeichnen, geht hin zu Influencer Marketing. Sprich, wer eine große Reichweite, im engeren Sinne eine hohe Abonnentenzahl auf YouTube hat, wird zukünftig davon profitieren. In USA ist dies schon gefestigt, bei uns ist das Email-Marketing noch effizient und im Vordergrund. Mit einer zeitlichen Verzögerung von 3-5 Jahren wird dies auch in Deutschland Einzug halten. Die neuen Medien, insbesondere das Format "YouTube", werden eine wichtige Rolle in der Kommunikation mit dem Endkunden darstellen. Hier kann zukünftig eine Menge Geld verdient werden, sollten die Inhalte professionell und qualitativ hochwertig sein und die Resonanz des Themas steigen. Tagesaktuelle Themen sind meistens schon favorisiert und erreichen schnell eine hohe Nutzerzahl. Zudem muss man Keyword-optimiert arbeiten. Das heißt, man sollte im Header, also im Kopfbereich, den Titel mit Wörtern, die oft gebraucht werden oder häufige Suchergebnisse bei YouTube haben, wählen. Dies ist eine Wissenschaft für sich und man kann hier im Vorfeld genau sehen, welche Titel mit welchen Aufrufen auf der ersten Seite bei YouTube erscheinen. Das wird sich im Laufe der Zeit einspielen und man bekommt ein Gefühl dafür, mit welchen Suchbegriffen man eine höhere Reichweite, sprich mehr Aufrufe und Abonnenten erhält. Mit einem Thema auf der Seite eins zu stehen, ist das primäre Ziel. Sobald man dort erscheint, ergeben sich automatisch neue organische Suchen von Interessenten, die nach diesem Stichwort schauen und womöglich das Video aufrufen. Somit kann sich aus dem Schneeball eine Lawine ergeben. Das innovative Medium „YouTube" wird in einem späteren Artikel noch eingehender eruiert. Einen Top Blogartikel bei Google auf

Seite eins ganz oben stehen zu haben, erzeugt eine richtig große Reichweite. Viele Unternehmen zahlen für eine Anzeige viel Geld, um überhaupt auf Seite eins zu kommen.

Ich persönlich habe meine Blogartikel auf meinen Blog auf SEO optimiert und erreiche mit ein paar Artikeln ein gutes Ranking auf Google, jedoch nicht auf Seite eins. Allein 99% der Klicks bei Google fallen auf die im Ranking genannten Positionen auf Seite 1 die Rankingpositionen 1-11.[59] Ist man mit seinem Artikel schon auf Rankingposition 12 und dahinter, wird es schwer, viele Klicks zu sammeln. Ergo ist die SEO-Optimierung ein elementarer Faktor in der zukünftigen Welt. Wer hochwertigen und einzigartigen Content liefert, kann Aufmerksamkeit erreichen. Es wird nur immer schwerer, da man viel Zeit investieren muss, um SEO einigermaßen zu beherrschen. Noch mehr Zeit wird dann anschließend für die Ausarbeitung eines Artikels gebraucht. Hier muss man Backlinks, Überschriften, Keywords nach einem bestimmten Verfahren anwenden, um den Anforderungen von Google zu genügen, sodass dieser von Google als wichtiger Artikel eingestuft wird. In diesem Zusammenhang ist es auch wichtig, Fragestellungen zu simulieren, sei es rhetorisch oder provokant, um die Leserschaft zum Kommentieren des Artikels zu bewegen. Findet eine rege Interaktion statt, anhand vieler Kommentare unter dem Artikel,

---

[59] *Quelle: https://www.sistrix.de/news/klickwahrscheinlichkeiten-in-den-google-serps/*

wird dies von Google wiederum honoriert, da der Algorithmus im Hintergrund erkennt, dass der Artikel Beobachtung findet und polarisiert. Automatisch wird er von Google besser positioniert und nach oben gehievt in der Suchleiste.

5.1 Was sagt Eric Podzuweit, CEO von Scalable?

Nun möchte ich einige renommierte digitale Vermögensverwalter zu Wort kommen lassen bezüglich der Frage, wohin die Reise in der Finanzwelt geht.

Software krempelt die Finanzwelt um.

Ein Gastbeitrag von Eric Podzuweit, CEO von Scalable Capital.

Fintechfirmen setzen Algorithmen ein, um Finanzprodukte transparenter und kostengünstiger zu machen. Die klassischen Geldhäuser leiden darunter. Die Kunden profitieren.

Haben Sie heute schon Musik gehört, einen Film gesehen oder ein Taxi bestellt? Dann waren Sie vermutlich Teil einer der spannendsten Entwicklungen unserer Zeit: der digitalen Disruption. Die Musik kommt nicht mehr von CD, sie läuft auf dem Smartphone, abgerufen von Anbietern wie Spotify, Deezer oder Apple. Bei der Filmauswahl hilft kein Videothekar mehr, die Blockbuster streamen Amazon oder Netflix direkt auf den Fernseher. Und das Taxi? Bestellt man als Wagen mit „Privatchauffeur", vermittelt vom kalifornischen Start-up Uber.

In diesen Bereichen hat die Digitalisierung schon zugeschlagen. Und jetzt hat sie auch die Finanzindustrie erfasst. Angeführt wird die Revolution nicht von etablierten Banken, Investmentgesellschaften und Vermögensverwaltern, sondern von jungen Fintech-Unternehmen. Der Trend ist nicht zu stoppen. Denn am Ende verlangen die Kunden den Wandel. Sie sind die Nutznießer, weil die Fintechs die Einstiegshürden zu professionellen Finanzdienstleistungen senken. Fast immer bieten die Start-ups Produkte, die es früher nur für eine privilegierte Klientel gab, zu einem Bruchteil des Preises an. Im Klartext: Fintech demokratisiert das Geldgeschäft.

Dabei schien die digitale Welle an der Finanzindustrie zunächst vorbeizulaufen. Direktbanken und Onlinebroker etablierten sich zwar. Aber danach blieb es lange ruhig – bis Unternehmen wie PayPal (Online-Zahlungsverkehr), Lending Club (Kreditvergabe), Betterment und Wealthfront (digitale Vermögensverwalter) in den USA an den Start gingen. Sie brachten eine Revolution in Gang, die sich inzwischen über den gesamten Globus ausgebreitet hat. Scalable Capital, der Marktführer für digitale Vermögensverwaltung in Deutschland, ist mit von der Partie. Laut dem US-Fernsehsender CNBC zählt das Unternehmen zu den Top-25 der technologiegetriebenen Start-ups weltweit.

Software ist der Schlüssel

Hinter dem digitalen Wandel in der Finanzwelt steht vor allem eines: clevere Software. Es sind Algorithmen, die dafür sorgen, dass sich Kleinunternehmer Kredite übers Internet besorgen können und dass die Kunden schon ab relativ kleinen Beträgen in den Genuss einer professionellen Vermögensverwaltung kommen. Nur zum Vergleich: Vor kurzem lag die Eintrittshürde für das individuelle Portfoliomanagement in der Finanzindustrie noch bei einer Million Euro.

Bleibt die Frage, wie die Software das bewirkt. Welche Vorteile bringt sie den Fintechs? Vier wichtige sind zu nennen:

- Vorteil eins: die Beherrschbarkeit hochkomplexer Vorgänge. Mit Software lässt sich eine gewaltige Menge an Daten durchforsten und verarbeiten. So kann Scalable Capital das Risiko in jedem Portfolio quasi „auf Knopfdruck" ermitteln, indem zigtausend Monte-Carlo-Simulationen durchgeführt werden. Zudem passt die Software das Depot automatisch an die Risikovorgabe des Kunden an, falls es davon abzuweichen droht. Der Rechenaufwand dafür wäre mit herkömmlichen Verfahren nicht zu bewältigen.

- Vorteil zwei: die hohe Skalierbarkeit. Ob der Algorithmus von Scalable Capital das Risiko für ein Portfolio oder für eine Million Portfolios managt, spielt für die Software keine Rolle. Genauso wenig wie die Frage, ob das Portfolio einmal pro Quartal oder einmal pro Tag an die neue Risikolage angepasst wird. Kapazitätsgrenzen lassen sich so völlig problemlos nach oben verschieben – und die Kosten niedrig halten.

- Vorteil drei: Der Computer hat keinen schlechten Tag. Er kennt keinen Streit, keine Kopfschmerzen, wird nicht müde und lässt sich nicht von Gefühlen leiten. Stattdessen folgt er festen Regeln und ackert die Kommandos jeder Programmzeile ab. Gerade in der Geldanlage ist das ein wichtiger Vorzug. Denn emotionale Fehlentscheidungen verhageln den meisten Anlegern die Börsenbilanz.

- Vorteil vier: IT-Systeme sind lernfähig. So wie die Menschen hinter der Software an Erfahrung gewinnen, so werden auch die Programme mit jeder Verbesserung cleverer. Künftig werden die Maschinen sogar selbstständig lernen, bessere Entscheidungen zu treffen. Künstliche Intelligenz (Artificial Intelligence) sagen Fachleute dazu. Der Forschungszweig ist einer der vielversprechendsten in der Computerwissenschaft.

Nimmt man das alles zusammen, verwundert es kaum, dass junge Fintechfirmen den klassischen Finanzhäusern immer mehr Kunden abjagen. Laut einer Studie des Marktforschungshauses IDC fühlen sich fast zwei Drittel aller Bankmanager durch Fintech-Start-ups bedroht. Darauf zu reagieren, fällt ihnen schwer. Im Wettlauf mit den neuen Wettbewerbern haben die Platzhirsche einen dicken Klotz am Bein: ihre alte IT. Sie ist über Jahrzehnte gewachsen und muss mitgeschleppt werden. 58 Prozent der von IDC Interviewten halten diese sogenannten Legacy-IT-Systeme für eine Bedrohung für das laufende Geschäft. Das Erneuern der digitalen Dinosaurier kommt teuer, ist hoch komplex und birgt im laufenden Betrieb erhebliche Risiken.

Vertrauen verspielt!

Das ist allerdings ist nicht das einzige Manko, mit dem die traditionellen Geldhäuser zu kämpfen haben. In der Finanzkrise haben sie auch jede Menge Vertrauen verspielt. Im Global Trust Report, den das Marktforschungsinstitut GfK jährlich erhebt, stehen Banken und Versicherungen unter allen Branchen auf dem letzten Platz. Obendrein kämpft die Finanzbranche mit einer zunehmenden Regulierung, die viel Aufmerksamkeit und Geld kostet und so die Innovationsfähigkeit hemmt. Die Mehrzahl der klassischen Finanzdienstleister beäugt den Fintech-Boom daher mit großer Sorge. Und viele versuchen, durch Allianzen und Zukäufe noch rechtzeitig auf den Zug aufzuspringen.

Auch deshalb sprudeln die Kapitalquellen für neue Fintech-Geschäftsmodelle üppig. Doch letztlich fließt das Geld nur, weil damit die Bedürfnisse der Kunden befriedigt werden. Sie sind die wahren Treiber der Entwicklung. Eines dieser Bedürfnisse ist Einfachheit. Die App-Programmierer der Fintech-Szene haben die Usability, also die simple Bedienbarkeit einer Software, auf ein neues Niveau gehoben. Getreu dem Ansatz von Apple-Gründer Steve Jobs, dass ein Gerät oder Programm nur so gut ist, wie der Anwender versteht, es für sich zu nutzen. Dass Fintech dabei neue Maßstäbe setzt, belegt eine Umfrage der Wirtschaftsprüfungsgesellschaft EY (Ernst & Young). 43 Prozent der Teilnehmer gaben an, der Hauptgrund dafür, ein Fintech-Angebot anzunehmen, sei die Einfachheit, mit der sich ein Konto eröffnen lässt. Auf Platz zwei der wichtigsten Gründe folgten die attraktiven Gebühren. Sie wurden von 15 Prozent der Teilnehmer genannt.

Einfach und preiswert

Wichtigste Gründe, warum Kunden auf Fintech-Angebote zurückgreifen (in % der Nennungen)

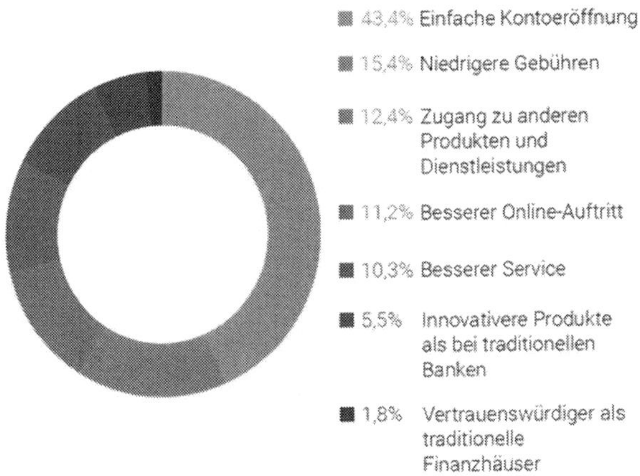

Abbildung 18: Fintechangebote[60]

Eine neue Form der Transparenz schaffen die Fintechs auch. So weisen etwa viele Online-Vermögensverwalter ihre Gebühren lückenlos, leicht verständlich und prominent auf der Internetseite aus, anstatt sie verklausuliert im Kleingedruckten zu verstecken. Und sie gewähren dem Anleger jederzeit und tagesaktuell einen vollständigen Überblick über das Portfolio und die bezahlten Gebühren – ein

60 *Quelle:* *https://fsinsights.ey.com/big-issues/Digital-and-connectivity/getting-to-a-baseline-understanding-of-fintech-adoption*

Service, den man bei klassischen Fondsgesellschaften vermisst.

Von all diesen Veränderungen profitiert vor allem der Kunde. So werden digitale Finanzprodukte bald nicht mehr wegzudenken sein. Genau wie digitale Musik, Filme und Taxidienste.

5.2 Was sagt Oliver Vins, CEO von vaamo?

vaamo ist der Industrie-Pionier im deutschen Robo-Advice-Markt. 2014 waren wir der erste vollkommen bankunabhängige Robo-Advisor in Deutschland. Seither ist die Zahl der Anbieter rasant gewachsen und auch klassische Banken bieten eigene Lösungen an. Auch die Wahrnehmung durch die Banken hat sich seitdem deutlich verändert. Mussten wir anfänglich noch ausführlich erläutern, was wir vorhaben und wurden bei Podiumsdiskussionen teilweise noch etwas belächelt („Ich finde es toll, was die jungen Leute heute auf die Beine stellen."), steht das Thema heute bei den deutschen Banken fast auf jeder Vorstandsagenda.

Unser Ziel von Anfang an war es, einer breiteren Bevölkerungsschicht einen einfachen, transparenten und kostengünstigen Zugang zum Kapitalmarkt zu geben. Weniger als 15% der Bevölkerung bauen Vermögen über den Kapitalmarkt auf und die, die es tun, begehen dabei meist typische Anlagefehler und zahlen viel zu hohe Gebühren an Banken, Vermittler und die Fondsindustrie. Dabei führt gerade in den Zeiten niedriger Zinsen kein Weg vorbei am Vermögensaufbau über den Kapitalmarkt. Gerade mit Hinblick auf lange Anlagezeiträume überschätzen die Deutschen das Risiko erheblich. Dieses Problem wollen wir lösen. Aber auch wir müssen erkennen, dass unsere frühen Kunden - die sogenannten „Early Adopter" – meist schon ein bisschen Erfahrung mit den Kapitalmärkten mitbringen und von der Sinnhaftigkeit einer Kapitalmarktanlage bereits überzeugt sind. Sie erfüllen auch gleich noch ein zweites Klischee der typischen Aktienanleger: sie sind mehrheitlich männlich. Allerdings sind sie mit durchschnittlich 30 bis 55 Jahren jünger als der durchschnittliche deutsche Kapitalmarktanleger.

Vor dem Hintergrund, dass die Deutschen bei Finanzinnovationen eher träge und bezüglich dem Kapitalmarkt eher skeptisch sind, liegt die Herausforderung eindeutig darin, zu akzeptablen Kosten Kunden zu gewinnen. Anlageprodukte sind historisch in weiten Teilen der Bevölkerung eher „Push-Produkte". Das heißt, oftmals suchen die Kunden nicht aktiv nach einem neuen Finanzprodukt, sondern ihr Bankberater oder Finanzberater empfiehlt ihnen ein angeblich passendes. Leider kaufen sie dabei nicht selten viel zu teure ungeeignete Produkte. Diese Kunden sind für uns als Online-Unternehmen nur sehr schwer zu erreichen. Die meisten Kunden sind daher eben heutzutage noch die besser informierten Kunden, die im Netzt aktiv nach neuen Anlagemöglichkeiten suchen und zum Beispiel entsprechenden Finanzblogs folgen. Damit das Thema in der breiten Masse wirklich groß wird, ist sicher noch viel Aufklärungsarbeit zu leisten. Viele Kunden müssen erst noch von den Vorteilen der Kapitalmarktanlage überzeugt werden. Selbst bei jüngeren Generationen setzt sich die Erkenntnis nur langsam durch, dass man schlichtweg am Kapitalmarkt nicht vorbeikommt, um langfristig Vermögen aufzubauen. Um diese Inhalte zu transportieren spielen natürlich auch gute Finanzblogs und Social Media Kanäle eine wichtige Rolle. Hier kommt gerade in letzter Zeit deutlich Bewegung rein. Großangelegte bundesweite Werbekampagnen, wie wir sie jetzt erstmalig von Direktbanken gesehen haben, helfen dabei natürlich auch ein Stückweit, Aufmerksamkeit zu generieren.

Man muss aber auch klar sagen: Robo-Advisor ist nicht gleich Robo-Advisor. Interessierte Kunden sollten auch hier genau hinschauen und sich bewusst entscheiden. Unter welchem regulatorischen Regime wird der Robo Advisor betrieben – reine Vermittlung, Anlageberatung oder Vermögensverwaltung? Welche Anlagestrategie ist die Richtige? Welche Kosten fallen an? Ist der Anbieter tatsächlich unabhängig? Je größer das Thema wird, desto mehr werden in den kommenden Monaten auch vermehrt Angebote auf den Markt kommen, die unter dem Deckmantel Robo Advice eher alten Wein in neuen Schläuchen verkaufen. Also zum Beispiel die klassischen viel zu teuren aktiven Publikumsfonds. Auch hier können gute Finanzblogs helfen, den Überblick zu bewahren und schlechte Angebote zu identifizieren. Grundsätzlich sollte man meinen, dass durch die viel höhere Visibilität im Netz, unvorteilhafte Angebote schneller vom Markt verdrängt werden als dies im klassischen intransparenten Vermittler- und Beratungsgeschäft der Fall ist.

Es ist davon auszugehen, dass strategische Kooperationen zwischen etablierten Banken und jungen Robo Advisor-Unternehmen in Zukunft weiter zunehmen werden. Die Robo Advisor profitieren vom Kundenzugang und der Marke des Partners. Banken und Asset Manager, die nicht umhinkommen werden, diese Technologien einzuführen, profitieren von der schnelle Umsetzung und der laufenden Weiterentwicklung. vaamo selbst hat erfolgreiche Kooperationen mit namhaften Spielern wie der Santander, 1822direkt oder N26 abgeschlossen und unterstützt diese dabei ihren Kunden ein entsprechendes Robo-Advice-Angebot zu unterbreiten. Man muss dabei unterscheiden in echte White Label-Lösungen, bei denen der Robo Advisor als technischer Dienstleister fungiert, das ganze Geschäft aber über die Marke und Lizenz des Bankpartners abgewickelt wird (z. B. Santander und vaamo) und Vertriebskooperationen. Bei Vertriebskooperationen wird der Kunde auch Kunde beim eigentlichen Robo Advisor, der die Dienstleistung unter der eigenen Marke erbringt (z. B. 1822direkt und vaamo).

Echte White Label-Kooperationen erfordern ein aufwendiges technisches und vertragliches Setup. Zum einen ist eine entsprechende technische Plattform erforderlich, die es ermöglicht, verschiedene Endkundenangebote parallel laufen zu lassen. Zum anderen muss das System flexibel aufgebaut sein, da die Anforderungen der Banken im Detail recht unterschiedlich sein können, z.B. in Bezug auf die Asset Management-Strategie oder das Frontend. Außerdem werden hier nochmal ganz andere Anforderungen an Compliance und Datenschutz gestellt. Es handelt sich rechtlich nämlich im Regelfall um eine sogenannte wesentliche Auslagerung, da naturgemäß auch persönliche Daten von der Plattform verarbeitet werden. Damit muss der Plattformbetreiber auch alle Compliance- und Datenschutzanforderungen der auslagernden Bank vollumfänglich einhalten. vaamo ist daher neben Scalable Capital auch der einzige deutsche Robo Advisor, der bisher Kooperationen mit namhaften deutschen Kreditinstituten etabliert hat.

Ob im Direktgeschäft, durch White Label-Partnerschaften oder Eigenentwicklungen der etablierten Banken, das Thema Robo Advice wird das Anlagegeschäft in den kommenden Jahren drastisch verändern. Davon ist auszugehen da unterschiedlicher Entwicklungen auf der Nachfrage- und Angebotsseite diesen Trend unterstützen. Zum einen wollen immer weniger Endkunden sich in unangenehmen Beratungsgesprächen mittelmäßige Anlageprodukte verkaufen lassen, zum anderen brauchen die etablierten Banken Lösungen, wie sie das Wertpapiergeschäft im Lichte steigender Regulierungsanforderungen noch profitabel betreiben können.

6 Das Wachsen einer neuen Branche: die Finanzblogger

Ich bin seit über zwei Jahren als Blogger aktiv und habe mir nach und nach eine größere Reichweite aufgebaut. Mittlerweile verzeichne ich über 150.000 Seitenaufrufe. Zudem ist die Bloggercommunity im Finanzbereich noch einigermaßen überschaubar. Immer mehr Firmen aus der Finanzbranche werden auf uns aufmerksam und wollen mit uns kooperieren, um an Reichweite zu gewinnen. Wir werden immer mehr angeschrieben, „bezahlten Content" auf unseren Blogs zu publizieren und sie mit unseren Followern zu teilen. Sozusagen bezahlte Werbung. Man muss aufpassen, dass dies nicht überhandnimmt, ansonsten verliert man schnell seine Authentizität und Glaubwürdigkeit. Ich nehme beispielsweise nur bezahlten Content an, wenn das Thema zu meinem Blog passt, qualitativ hochwertig ist und gewisse Parameter eingehalten werden. Vertrauen ist das wichtigste Gut im digitalen Zeitalter. Wenn man dies aufs Spiel setzt, verliert man sehr schnell an Aufmerksamkeit und der Leser wendet sich enttäuscht ab, bestellt den Newsletter ab oder besucht einfach nicht mehr deinen Blog. Dies würde sich auch schnell viral rumsprechen und negative Publicity erzeugen. Die gesamte Community wächst sehr stark durch die objektive und neutrale Berichterstattung über Themen, durch Informationen, die kostenlos zur Verfügung gestellt werden. Zudem werden die Berichte oft ausführlich unter allen möglichen Aspekten beleuchtet und bewertet und gleichzeitig via Social Media Kanälen beworben, um an Reichweite zu gelangen. Dabei benutzen die meisten recht häufig authentische Bilder, um den Artikel ansprechend zu visualisieren und in Szene zu setzen. Weitere positive Treiber sind freundschaftliche Gesten von Bloggerkollegen, die die Artikel teilen und dadurch neuen Leser zur Verfügung stellen.

Wie ist die Umgangsweise unter uns Finanzblogger?

Es ist ein großartiger Umgang, wir sind in der Community alle per du, starten gemeinsame Projekte wie beispielsweise bei www.finanzblog-magazin.de, wo verschiedene Finanzblogger einmal im Jahr ihre kostenlose Produkte (Freebie) offerieren, im Gegenzug muss der Interessent seine Emailadresse hinterlassen. Auf dieser Seite findet auch eine Sales Aktion, meistens im November, statt. Hier werden viele digitale Produkte mit erheblichen Rabatten angeboten. Sozusagen ein Pendant zum Black Friday von Amazon. 2016 waren wir fünf Blogger, die eine große Reichweite generierten. Wir nutzten zeitgleich unsere Emailabonnenten und die Social Media Kanäle, um Traffic auf die Seite zu bekommen. Es war ein voller Erfolg und wir hatten sehr viele Besucher, eine Vielzahl an Interessenten und Käufern. Synergien gibt es auf breiter Front. Jeder hat eine Email Liste mit seinen bestehenden Kunden und Interessenten. Diese werden über Mailchimp, CleverReach oder anderen CRM Programme verwaltet, getrackt und Mails an die entsprechenden Abonnenten versendet. Wir haben eine interne Gruppe in Facebook, in der jeder mit seinem Anliegen kommen kann, wir planen gemeinsame Projekte oder helfen anderen Bloggern bei formalen oder technischen Problemen.

Wir können uns bei Anliegen schnell austauschen, uns fehlendes Wissen über andere Themenfelder aneignen und zu guter Letzt verdammt schnell agieren. Auch über Facebook haben wir die Aktion promotet mit einem gewissen Budget und die Zielgruppe damit eingegrenzt. Wir machen einen gegenseitigen Austausch von Beiträgen, um Leser von anderen Blogs auf den eigenen Blog aufmerksam zu machen und umgekehrt. Dies alles gibt einen ersten Einblick in das freundschaftliche Verhältnis unter uns Bloggern. Keiner scheut die offene Diskussion, die meisten reden Klartext und sind offen für Kooperationen. Viele haben mittlerweile eine große Leserschaft und treue Abonnenten. Man muss zudem unterscheiden zwischen Bloggern, die es noch aus Spaß machen und denen, die ihren Blog bereits monetarisiert haben und diverse Produkte gegen Entgelt anbieten. Von Seminaren, Coachings, Börsenbriefen, Büchern bis hin zu Online-Webinaren ist alles vorhanden. Affiliate Programme, Google Adwords Kampagnen gehören ebenfalls zum Monetarisierungsprozess einiger Blogger dazu.

Eine Übersichtsseite mit den neuesten Artikeln der Finanzblogger findet sich auf www.finanzblogroll.de wieder. Dies ist wie eine Timeline und gibt einen raschen Überblick über die aktuellsten Themen aus der Finanzbranche. Hier stehen immer tagesaktuelle News, die per RSS Feed von dem jeweiligen Blog übernommen werden. Es ist sozusagen die Überseite der Finanzbloggercommunity. By the way: Ein ganz besonderes Lob spreche ich Alex Fischer von www.reich-mit-plan.de aus. Er hat mir viel geholfen 2015, als ich ganz am Anfang meiner Idee mit dem Blog stand. Alex hat meinen Blog mit seinem Expertenwissen erst so richtig in die Spur gebracht. Ich habe sein erstklassiges

Coaching in Anspruch genommen, in dem wir uns um die Konzeptionierung sowie die Monetarisierung meiner Seite gekümmert haben. Ich habe selten so einen freundlichen, offenen Typ kennengelernt, der mich so sehr bei der Umsetzung unterstützt hat. Ich bin ihm sehr zu Dank verpflichtet.

Im Sommer 2017 stand das erstmalige deutschlandweite Finanzbloggertreffen in Kassel an. Ein komplettes Wochenende lang sah ich viele Bloggerkollegen das erste Mal persönlich und nicht nur viral vor dem Bildschirm. Auf dem Programm stand ein breit gefächertes Angebot an Themen. Von Affiliate Marketing Kampagnen über Gastbeiträge bis hin zu Kooperationen mit Fintechs und Marketingagenturen. Es waren rund 25 Blogger aus ganz Deutschland gekommen. Angefangen vom Neuling, der erst seit ein paar Monaten dabei ist, bis hin zu erfahrenen Bloggerkollegen, die mittlerweile davon leben können. Im Fokus stand die Monetarisierung des Blogs und die langfristige Konzeption der eigenen Reichweite. Natürlich freute man sich, mal alle persönlich kennenzulernen, bisher hatte ich mit den meisten aus der Community nur viralen Kontakt über Email, Skype und Facebook Messenger. Ein freundschaftliches Verhältnis pflege ich mittlerweile zu etlichen FinanzBloggern. Zudem schweißt ein gemeinsames Treffen zusammen, legt Synergien frei und stärkt das gemeinsame Wohl. Wir wachsen organisch mit einem ordentlichen Tempo. Die Benutzer- und Besucherzahlen gehen peu a peu nach oben. Spitzenblogger aus dem Finanzbereich haben 30.000-100.000 Besucher im Monat auf Ihrer Seite und eine Emaildatenbank von mehreren Tausend Abonnenten. Dienstleistungen werden in vielfacher Weise angeboten: Vom Börsenbrief, Coaching, Affiliate Marketing über Selfpublisher Bücher bei Amazon oder Digistore24 sowie Onlineseminare und Workshops.

6.1 Interviews mit erfolgreichen Finanzbloggern

Ein paar außerordentlich erfolgreiche Finanzbloggerfreunde durfte ich zu ihren spezifischen Kenntnissen interviewen, wobei spannende Antworten heraus kamen. Jeder dieser Bloggerfreunde verdient damit schon ein Großteil seines Geldes und weiß daher, auf was es im Online Finanzbusiness drauf ankommt. Mit den folgenden Gastbeiträgen gewähre ich einen exklusiven Einblick hinter die Kulissen der digitalen Transformation und den Bereich der Finanzbloggerszene.

6.2 Aufbau eines Onlinebusiness von Alex Fischer

Vielen Dank an dieser Stelle an Florian Müller, der mich nach meinem Coaching bat, einen kleinen Part für sein Buch zu schreiben. Dem komme ich natürlich gern nach, weil ich auch gern andere Menschen bei ihren Projekten unterstützen möchte.

Wer bin ich überhaupt?

Kurz zu mir. Mein Name ist Alex Fischer. Ich lebe im südlichen Bayern, so zwischen München und dem schönen Tegernsee, bin verheiratet und habe eine Tochter, die im Jahr 2011 geboren wurde. Anfang 2014 bin ich, im Alter von 37 Jahren, aus dem aktiven Hamsterrad ausgestiegen. Ich habe dem Angestelltendasein praktisch Adieu gesagt.

Heute können wir unseren Lebensunterhalt aus verschiedenen Einkommensquellen bestreiten. Die höchste Gewichtung haben Kapitalerträge sowie unterschiedlichste Webseitenprojekte, wie zum Beispiel mein Finanzblog Reich-mit-Plan.de mit dem Service Dividenden-Alarm.

Meine Online Karriere hat bereits früh begonnen. Im Jahr 1999 habe ich meine erste Webseite gelauncht. Damals, noch aus der Not heraus, musste ich für ein paar Online-Freunde und mich in kurzer Zeit ein kleines Online-Forum erstellen. Ich will an dieser Stelle gar nicht so tief in die damalige Geschichte einsteigen, denn vollumfänglich beschrieben habe ich dies alles in meinem Buch: Mein Weg zur finanziellen Freiheit.

Entwicklung meines Online Business

Seit dieser Zeit, habe ich mein Online Business immer weiterentwickelt. Zwischenzeitlich hatte ich zahlreiche Affiliate-Seiten, Nischenseiten, Foren und auch Blogs. Mit der Zeit wurde der Arbeitsaufwand immens und ich fühlte mich praktisch wie in einem eigenen Hamsterrad neben meinem eigentlichen Hauptjob.

So musste ich eines Tages eine Entscheidung treffen. Was will ich eigentlich? Im Grunde konnte ich dies relativ einfach definieren. Ich wollte Geld verdienen! Für mich waren meine Projekte schon lange keine Hobbys mehr, da sie mehr und mehr Ertrag lieferten. Aber eben nicht alle in gleiche Umfang.

Ich begann meine sämtlichen Projekte auf deren Ertragsstärke zu durchleuchten. Auf der einen Seite stand der tatsächliche Zeitaufwand aufs Jahr hochgerechnet und auf der anderen Seite die Netto-Erträge, die daraus resultierten. Das war anfangs sicherlich ein ordentlicher Akt an Arbeit, aber Controlling gehört nun mal auch zu einem Business dazu.

Das Ergebnis öffnete mir sehr schnell die Augen. Warum ist mir das vorher nie aufgefallen, dass ich mitunter viel Zeit in Projekte investierte, die bei weitem keinen adäquaten Ertrag dafür ablieferten? Dahinter steckte oft Liebhaberei oder auch die Hoffnung, dass sich mit der Zeit schon der Erfolg einstellen wird.

Ein gutes Beispiel sind zum Beispiel Fotos, die man bei Bildagenturen verkauft. Für jedes verkaufte Foto erhält man zwischen wenigen Cents bis hin zu mehreren Euros. Den Durchschnittsumsatz je Bild und pro Jahr kann man schnell ermitteln. Als ich dann gesehen habe, wie viel Zeit ich mit dem Erstellen der Bilder inklusive der Nachbearbeitung und dem Einstellen in etliche Agenturen verbrachte, wurde mir fast schlecht. Ein Hartz4 Empfänger würde mich auslachen, für welchen "Lohn" ich hier meine Zeit verbrannte.

Fokus liegt auf Rentabilität

Ich sortierte alle Projekte nach Rentabilität und traf viele Entscheidungen. Meine vierstelligen Bildbestände sind zum

Beispiel heute noch in vielen Bildagenturen zu finden. Allerdings verzichte ich darauf, neue Bilder einzustellen. Dies führte dazu, dass ich meinen Ertrag erhalte und gleichzeitig viel mehr Zeit für andere Projekte freischaufeln konnte.

Heute lade ich nur noch vereinzelt Bilder hoch, wenn es sich um ganz bestimmte Motive handelt, die sich auch lukrativ verkaufen lassen. Der Aufwand aufs Jahr hochgerechnet ist nur noch minimal.

Mit der Zeit habe ich einige meiner Affiliate-Seiten und auch Nischenseiten verkauft oder ich habe sie eingestellt. Der Weiterbetrieb dieser Seiten hat sich für mich nicht mehr gelohnt. Übrig geblieben sind nur noch wenige Projekte, die alle lukrative Erträge (im Verhältnis zum zeitlichen Aufwand) abwerfen.

Der Vorteil für mich lag auf der Hand. Ich hatte auf der einen Seite berechenbare und regelmäßige Erträge und genügend Zeit um mich in Ruhe um die Organisation der bestehenden Projekte zu kümmern, aber auch um mich endlich mal neuen Ideen zu widmen.

Neue Projekte nur unter folgenden Bedingungen

Und gerade bei neuen Ideen, braucht es anfangs immer Zeit, Geduld und auch einen finanziellen Vorschuss, damit daraus ein Projekt wird, was innerhalb kürzester Zeit gelauncht und ertragreich wird. Wenn ich fast ausschließlich damit beschäftigt bin, mich um unrentable Projekte zu kümmern, ende ich schnell wieder in einem Hamsterrad.

Damit mir dies in Zukunft nicht wieder passiert, habe ich mir eigene Bedingungen auferlegt. Die Umsetzung klappt nicht immer zu 100%, aber solange der Hauptfokus im Auge behalten wird, bin ich schon zufrieden.

Was ist mir wichtig?

- Themenbezug zu bereits vorhandenen Projekten
- Geringer Aufwand für einen Launch (Zeit & Kosten)
- geringer Zeitaufwand im Betrieb
- ggf. Zusammenarbeit mit Partner
- Fokus auf minimalem Arbeitsaufwand bei adäquatem Ertrag
- maximale Automatisierung

Bei neuen Projektideen versuche ich immer einen Bezug zu bereits bestehenden Projekten zu finden.

An einem Beispiel kann ich dies gut erklären. Auf meinem Blog Reich-mit-Plan.de verkaufe ich zum Beispiel auch meine Bücher Starte deinen Geldkreislauf und Mein Weg zur finanziellen Freiheit.

Um die Bücher einer breiteren Leserschaft zugänglich zu machen, wollte ich mein Marketing ein wenig aufpolieren und eine größere Reichweite aufbauen. Ich wollte aber nicht tausende Euro durch Werbung verblasen, sondern ein vergleichbares Ziel erreichen, aber eben ohne ein riesiges Werbebudget. Daraus entstand das Projekt Finanzblog-Magazin.de.

Ich habe mich mit einigen anderen Finanzbloggern zusammengetan und einmal im Jahr verschenken wir dort unsere

Bücher. Die Aktion haben wir bereits mehrfach durchgeführt und bisher war sie für alle Beteiligten (Leser und Blogger) ein absoluter Erfolg.

Meinen bisherigen Lesern konnte ich ein neues Projekt vorstellen, bei dem die Themenrelevanz zu 100% gegeben ist. Sei es durch meine Bücher oder auch durch das Thema Finanzen. Das neue Projekt begann quasi nicht bei null, sondern starte gleich mit Schwung ins Leben.

Der Aufwand, das Projekt einmalig aufzusetzen, war zwar etwas umfangreicher, aber der laufende Zeitaufwand hält sich durch die zeitliche Begrenzung und wiederkehrende Abläufe (aufs Jahr gesehen) sehr in Grenzen. Die Zusammenarbeit mit Kollegen und Partnern hat in diesem Fall auch sehr gut funktioniert und brachte dem Projekt für alle Beteiligten zusätzlich eine große Reichweite.

Auch wenn die Seite, durch das Verschenken von EBooks, im ersten Schritt keinen Ertrag lieferte, so kann dieser im weiteren Verlauf an anderer Stelle dann doch generiert und gemessen werden.

Fazit

Zusammenfassend kann ich sagen, dass die Fokussierung auf den Ertrag eines Projekts sehr wichtig ist, um langfristig gewinnbringend arbeiten zu können. Die damit einhergehende gewonnene Zeit sollte so effektiv wie möglich in neue Projekte investiert werden.

Hier sollte der Fokus auf Automatismen, geringem Zeitaufwand sowie einfacher und kostengünstiger Umsetzung liegen. Von Beginn an sollten neue Projekte an bisherigen Projekten anknüpfen können, damit sie gleich vom Start weg eine entsprechende Reichweite generieren können.

Wer sein Webprojekt nur als Hobby betreibt, der muss sich um solche Punkte nicht kümmern. Ich erlebe es aber oft, dass meist nur von einem Hobby gesprochen wird, WEIL es keinen nennenswerten Ertrag abwirft. Praktisch als Eigenschutz, um nicht als Depp dazustehen. Wer will schon etwas Business nennen, was wie ein Hobby betrieben wird und kein Geld abwirft. Aber sobald ein paar Euros eintrudeln, wird gleich mit der Business-Keule um sich geworfen.

Mein Tipp: Für dich ist dein Projekt ein Hobby? Dann verzichte auf sämtliche Optionen zur Monetarisierung (Verkauf von Produkten, Werbebanner usw.). Damit stehst du dazu, dass es ein Hobby ist und du keinerlei Ertragsabsichten hast. Deine Leser werden es dir danken. Zudem setzt du dich nicht unnötig unter Druck und die geringen Kosten die ein Hobby mitbringt, zahlst du wie bei jedem anderen Hobby auch, aus der eigenen Tasche.

Eigentlich ist dein Webprojekt kein Hobby und es sollte doch schon ein wenig nach Business klingen und Geld abwerfen? Dann mach es von Anfang an richtig und verstecke dich nicht hinter der Hobby-Ausrede.

Wenn du Interesse hast, aus deinem Hobby ein Business zu stricken und Schritt für Schritt anfangen möchtest endlich Geld zu verdienen, dann kann ich dir helfen. Wie Florian anfangs bereits berichtet hat, biete ich extra dafür ein individuell auf dich zugeschnittenes Coaching an.

Gemeinsam arbeiten wir an der Konzeptionierung und Monetarisierung deines Webprojekts. Komm einfach auf mich zu, schreibe mir, wie ich dir helfen kann und gemeinsam werden wir eine Lösung finden.

6.3 Passive Einnahmen generieren mit Lars Hattwig von Passiver Geldfluss

Mein Name ist Lars Hattwig, Gründer der Passiver Geldfluss Academy http://passivergeldfluss.academy/ und seit 2005 habe ich die Börse zum Vermögensaufbau und zum Erschaffen von passivem Einkommen genutzt. Meine Erfahrungen habe ich auf verschiedenen Webseiten veröffentlicht, woraus nachfolgend ein Online-Business erwachsen ist.

Es gibt mehrere Möglichkeiten, seine Webpräsenz zu monetarisieren, die wie ich finde lukrativste Form ist das Affiliate-Marketing. Wer einmal dahinter gestiegen ist und die Möglichkeiten, die sich dadurch auftun, erkannt hat, wundert sich, warum nur relativ wenige Menschen diese Form nutzen, um Geld zu verdienen. Bevor ich dazu komme, wie mit Affiliate-Marketing passive Einkünfte aufgebaut werden kann, erläutere ich kurz, was eigentlich dahinter steckt.

Das Affiliate Marketing wird auch Empfehlungsmarketing genannt, weil jemand einen guten Service oder ein gutes Produkt weiterempfiehlt. Kommt es dabei entweder zu einer Anmeldung oder einem Verkaufsprozess, erhält der Empfehlende, auch Affiliate genannt, für den vermittelten

Verkauf eine Provision. Affiliates gibt es nicht nur in der digitalen Welt, sondern auch in der analogen Welt. Wer zu Kaufland, einem anderen großen Supermarkt oder in einem Shopping-Center geht, sieht oft Verkäufer von 1und1, Sky oder anderen Marken. Diese Verkäufer sind im Standardfall keine Mitarbeiter der Unternehmen, sondern lebendig herumlaufende Affiliates. Sie weisen auf die Vorteile des Angebots und „empfehlen" den Erwerb eines Angebots. Für einen erfolgreichen Abschluss erhalten sie eine Provision.

Jemand mit einer Webseite kann auf seinem Internetauftritt ebenfalls Produkte anderer Unternehmen anbieten und erhält eine Provision bei einer erfolgreichen Vermittlung. Noch besser funktioniert der Verkauf, wenn man das Affiliate-Marketing in einer E-Mail-Liste anwendet. Wichtig ist in jedem Fall, dass die Webseite einen Mehrwert für Leser bringt und sie deshalb dem Betreiber der Webseite vertrauen, dauerhaft einen gewissen Qualitätsstandard geboten zu bekommen.

Affiliate-Marketing als Win-Win-Situation

Die Art der Kooperation über das Affiliate-Marketing kann sowohl für den Anbieter des Angebots – also ein kommerzieller Werbetreibender, auch Merchant oder Advertiser genannt – als auch für den Webseitenbetreiber eine Win-Win-Situation bedeuten. Denn der Werbetreibende geht kein Risiko ein, weil er nur dann eine Provision zahlen muss, wenn der Kunde eine entsprechende Handlung vornimmt. In einigen Fällen reicht dazu bereits eine Anmeldung, also Kontaktherstellung zwischen Firma und Kunden (Cost per

Lead), in anderen Fällen muss der Kunde tatsächlich etwas kaufen (Cost per Sale).

So kann der Webseitenbetreiber (Affiliate) auf diese Weise Geld verdienen, ohne dass er zuvor ein eigenes Produkt erstellen musste. In der analogen Welt ist diese Form des Produktvertriebs als Network-Marketing oder Multi-Level-Marketing (MLM) bekannt. Im Gegensatz dazu besteht beim Affiliate-Marketing im Standardfall keine Vertriebsstruktur, sondern lässt sich hervorragend als Einzel-Unternehmen durchführen.

Soweit das Prinzip hinter dem Affiliate-Marketing. Die meisten wenden es in der Praxis jedoch nicht richtig an. Denn das Angebot muss zur Zielgruppe passen. Berichtet jemand auf seiner Webseite, wie man gesund und gut kocht, wird ein Affiliate-Link zum Anbieter einer Altersvorsorge-Versicherung schlecht bis gar nicht funktionieren. Ein gutes Buch über Kochrezepte mit einem Amazon-Partnerlink dürfte hingegen schon deutlich besser performen.

Was meiner Erfahrung nicht (mehr so) gut funktioniert, ist Bannerwerbung. Abgesehen von den Anzeigenblockern, den etliche Internet-Surfer nutzen, nehmen viele Webseitenbesucher blinkende Bilder nicht mehr als wertvolle Informationen wahr. Da habe ich mit einer zielgerichteten Platzierung von Affiliate-Links im Text bessere Erfahrungen gemacht.

Die Frage drängt sich auf, was daran jetzt ein passives Einkommen ist?

Die Texte für die Webseite oder für einen Blog-Artikel müssen erst einmal geschrieben werden. Gibt man sich dabei gleich Mühe, um den Artikel gut lesbar zu gestalten und durch SEO-Maßnahmen bei Google ein gutes Ranking zu erhalten, sind die wichtigsten Schritte bereits getan. Denn nun gelangen über Monate, oft sogar über Jahre hinweg Besucher von der Google-Suche auf die Webseite. Da sie etwas suchen, ist die Chance recht gut, dass sie dann auch etwas kaufen. Das bedeutet über Jahre hinweg Einkünfte aus dem Affiliate-Marketing.

Eine weitere Form, mit dem Affiliate-Marketing Geld zu verdienen, ist in den sozialen Medien wie Facebook oder YouTube. Die meisten gehen das jedoch falsch an. Sie melden sich in Facebook-Gruppen an und hinterlassen gleich ihren Affiliate-Link. Das wird zum einen so gut wie überhaupt nicht funktionieren und führt in vielen Fällen auch zum Ausschluss aus der Facebook-Gruppe.

Was hingegen funktioniert, ist eine eigene Facebook-Gruppe oder einen eigenen YouTube-Kanal aufzubauen, was mindestens einige Monate Zeit benötigt, eher noch mehr. Also analog zum Betreiben eines Blogs. Hat man eine "Fangemeinde" aufgebaut, kann man dieser nach einer Zeit auch Affiliate-Angebote vorsetzen. Das sollte jedoch behutsam passieren, sonst wird die Fangemeinde rasch wieder schrumpfen.

Ein automatisiertes Verkaufssystem für Affiliate-Marketing

Es gibt heutzutage die Möglichkeit, die Interessenten- und Neukundengewinnung weitgehend oder gänzlich zu automatisieren. Hier wird der Interessent durch Anzeigenschaltung in eine E-Mail-Liste geführt. In dieser erhält er wertvolle Tipps, wobei ihm zwischenzeitlich ein kostenpflichtiges Angebot präsentiert wird. Ob am Ende des Verkaufssystems ein eigenes Produkt oder eines von einem anderen Anbieter, spielt hier keine wichtige Rolle. Ist solch ein System erst einmal erfolgreich aufgesetzt - dass also mehr Umsatz herauskommt als an Werbekosten ausgegeben wird - bedarf es für eine Zeit lang vergleichsweise wenig Arbeit zur zwischenzeitlichen Feinjustierung der einzelnen Komponenten des Verkaufssystems.

6.4 Mein Weg vom Finanzblogger zum Internetunternehmer

Von Dr. Jürgen Nawatzki

Im Mai 2015 startete ich meinen Finanzblog ETF-Blog.com. Auf diesem Blog geht es um Vermögensaufbau und private Altersvorsorge mit ETFs. Als ehemaliger Finanzberater, studierter Diplom-Kaufmann und ausgebildeter Journalist ist das Schreiben über Geldanlage mit ETFs heute meine Leidenschaft. Wenn ich schreibe, bin ich oft im Flow und vergesse die Welt um mich herum. So macht Arbeit wirklich Spaß.

Mit dem Blog Geld verdienen

Mein Ziel war allerdings von Beginn an, mit meinem Blog Geld zu verdienen. Doch zunächst wusste ich nicht wie. Deshalb habe ich mich – nachdem ich mit Wordpress, der ich also die ganze Arbeit hatte – dieser aber das Gros der Einnahmen erhält. Auch dieses Modell war finanziell unattraktiv. Würde ich nicht noch mal so machen.

Dann habe ich einige Ebooks bei Amazon veröffentlicht, was wesentlich lukrativer war bzw. ist, weil keine Kosten außer der eingesetzten Arbeitszeit entstehen und die Einnahmen wesentlich höher sind als sie es bei meinen gebundenen Büchern waren. Amazon versteht es, seine Produkte optimal zu platzieren und zu bewerben.

Ein Ebook von mir – „Grundlagen der Geldanlage mit ETFs" – war sogar eine Zeitlang Bestseller bei Amazon. Durch meine Ebooks habe ich also ein passives Einkommen im niedrigen dreistelligen Bereich.

Aber mit Büchern viel Geld zu verdienen geht nur, wenn man einen echten Bestseller schreibt, der sich hunderttausende von Malen oder sogar millionenfach verkauft. Doch das ist ganz stark zufallsabhängig und nicht programmierbar.

Zahlreiche Beispiele in der Buchbranche zeigen, dass spätere Bestseller, wie zum Beispiel die Harry-Potter-Bücher, zunächst mehrfach abgelehnt wurden, weil die Verlage nicht an ihren Erfolg glaubten.

Andere Manuskripte wurden dagegen angenommen und entwickelten sich zu Flops, die nur Geld kosteten. Auch dafür gibt es zahlreiche Beispiele.

Soviel zu meinen Erfahrungen mit Büchern.

Fazit:

Es ist schwer, mit Büchern so viel Geld zu verdienen, dass man davon leben kann.

Mehr Umsatz mit Online-Kursen

Deshalb habe ich begonnen Online-Kurse zu entwickeln, die ich über Webinare verkaufe, für die ich mit Facebook werbe. Nirgends kann man Zielgruppen effizienter ansprechen als bei Facebook und die Werbung dort ist noch bezahlbar. Der Verkauf von Online-Kursen ist wesentlich lukrativer als der von Ebooks. Denn auch sie kosten in der Herstellung außer Arbeitszeit kein Geld - sofern man die erforderliche Software dafür besitzt. Bringen aber aufgrund höherer Preise einen deutlich höheren Umsatz als Ebooks.

Allerdings ist die Erstellung von Online-Kursen eine zeitintensive Angelegenheit. Zunächst müssen die Präsentationen erstellt werden und dann muss jede Folie einzeln vertont werden – wenn es gut werden soll.

Regelmäßige Nachfrage nach Advertorials

Und seit Anfang des letzten Jahres habe ich zudem eine konstante Nachfrage nach Advertorials, die andere Websites im Rahmen ihrer externen Suchmaschinenoptimierung auf meinem Blog schalten wollen. Das sind erfreuliche Einnahmen, die meist nur wenig Arbeit machen.

Und seit kurzem auch Telefoncoaching

Und schließlich hatte ich immer mehr Anfragen bezüglich Geldanlage-Coachings, das ich mittlerweile ebenfalls anbiete. Schließlich bin ich ausgebildeter Life-Coach und kann auch diese Qualifikation zum Geldverdienen nutzen.

Allerdings bedeutet Telefoncoaching den Tausch von Zeit gegen Geld, wobei ich auf Dauer eher ein weiter skalierbares passives Einkommen anstrebe, also ein Einkommen, das nur indirekt von vorher erbrachter Arbeit abhängt.

Fazit

Jedenfalls ist es abschließend möglich, sich mit einem Blog und Online-Marketing ein passives Einkommen aufzubauen, von dem man auch leben kann. Über den Blog kommen die Interessenten, deren E-Mail-Adressen man am besten bei einem der zahlreichen E-Mail-Dienstleister sammelt und denen man dann zum Beispiel digitale Produkte verkauft und sie so zu Kunden macht. 2.000 bis 3.000 E-Mail-Adressen sollten es schon sein, bis man davon leben kann. Das dauert meist zwei bis drei Jahre und es gibt Online-Marketer, wie zum Beispiel Said Shiripour, die Millionenumsätze machen.

Und der größte Vorteil einer Selbständigkeit mit einem Online-Business: Man braucht kein großartiges Startkapital. Ein paar Hundert Euro reichen notfalls, wobei etwas mehr besser ist, weil man dann auch einige Online-Kurse kaufen kann, die einem den Start einfacher machen.

Und ein Online-Business kann man problemlos neben einer Tätigkeit als Angestellter starten und später seine Anstellung aufgeben, wenn es zu laufen beginnt.

4.1 Ripple, IOTA und Siacoin

Hier möchte ich Ripple (XRP), IOTA (MIOTA) und Siacoin (SC) nennen. Ripple ist beispielsweise mit mehreren Banken in Kooperationen, um den internationalen Zahlungsverkehr zu revolutionieren. Künftig sollen Zahlungen innerhalb von 3-5 Sekunden möglich sein. Bisher dauerte so eine Transaktion mehrere Werktage bei unzureichender Informationslage. Der Wechselkurs konnte nicht genau definiert werden und somit war bei größeren Überweisungen ein Risiko vorhanden. Dies fällt alles durch die neue Technologie von Ripple weg. Nach deren Internetpräsenz stehen sie auch schon mit über 100 Banken in Gesprächen und Kooperationen. Unter anderem nutzen folgende große Bankhäuser das System von Ripple: American Express, UBS, Santander, Credit Agricole und Unicredit. Weitere Firmen, die diese Technologie mittlerweile nutzen finden sich auf der Homepage von Ripple[50].

Ein weiterer interessanter Coin ist IOTA. Das Berliner Start-up ist für Technikunternehmen interessant. So hat die Firma Bosch Ende 2017 über einen Risikofonds eine beträchtliche Menge in IOTA Token investiert. Bosch will als

[50] *Quelle: https://ripple.com/*

Kooperationspartner agieren und so die Technik weiterentwickeln. Zielsetzung langfristig ist es, dass Roboter gemeinsam miteinander arbeiten, lernen, miteinander zu kommunizieren[51], sich selbst Rechnungen stellen und selbst bezahlen. Weitere Partner sind beispielsweise VW und Microsoft. Die Grundlage bei IOTA bildet aber keine Blockchain wie bei Bitcoin, sondern ein sogenanntes Tangle Verfahren. Der Unterschied zur Blockchain ist, dass nicht alle Transaktionen in der Historie aufgelistet sind, sondern nur ein Flechtwerk (ein willkürliches Paar einer vergangenen IOTA Transaktion). Vorteil des Tangle Verfahrens gegenüber der Blockchain ist, dass es wirtschaftlich nicht schwerfälliger wird, da die Auflistung der gesamten Transaktionshistorie nicht von Nöten ist. Ein Manko bleibt aber weiterhin die hohe Volatilität des Coins. Schwankungen von 20-30% am Tag sind für Unternehmen eher abschreckend, sollte diese Technologie zum Einsatz kommen.

In meinen Augen ist der Siacoin ein Paradebeispiel für eine hochmoderne Innovation. Die Company stellt eine dezentrale Cloud zur Verfügung, die auch noch privat ist. Im Gegensatz zu Dropbox, der Amazon oder Google Cloud ist die Dienstleistung dann auch noch wesentlicher günstiger. Hier

---

[51] *Quelle: http://www.manager-magazin.de/unternehmen/artikel/iota-statt-bitcoin-die-kryptowaehrung-der-konzerne-a-1186991.html*

Blogsoftware, vertraut war – intensiv mit **Online-Marketing** beschäftigt.

Heute erziele ich Einnahmen aus

- Affiliate Marketing,
- dem Verkauf digitaler Produkte und
- der Platzierung von Advertorials.

Mit Affiliate Marketing fing es an

Affiliate Marketing bedeutet, dass ich auf meinem Blog Werbung für bestimmte Produkte mache – zum Beispiel für Depotkonten bei Online-Brokern – und eine Provision erhalte, wenn ein Blogbesucher über meinen Affiliate-Link ein Produkt kauft bzw. ein Depotkonto eröffnet.

Die Einnahmen begannen nach etwa sechs Monaten zunächst spärlich zu fließen und es läuft ganz gut, seit ich etwa 300 Besucher pro Tag habe.

An digitalen Produkten habe ich bisher Ebooks erstellt und Online-Kurse. Dabei habe ich mit dem Schreiben und Veröffentlichen von Büchern bislang umfangreiche Erfahrungen gesammelt.

Dann kamen Bücher und Ebooks hinzu

Mein erstes Buch war eine Erzählung, die ich im Selfpublishing-Verfahren bei epubli veröffentlicht habe: „Baghira kam und Esther ging". Die Herstellung des gebundenen Buches (300er Auflage) hat mich rund 1.000 EUR gekostet, die ich bei weitem nicht wieder hereinbekommen habe.

Das zweite Buch – ein Sachbuch mit dem Titel „Mit Selbstcoaching zum Traumjob" – habe ich bei Springer Gabler veröffentlicht, wobei der Verlag kaum etwas gemacht hat –

ich also die ganze Arbeit hatte – dieser aber das Gros der Einnahmen erhält. Auch dieses Modell war finanziell unattraktiv. Würde ich nicht noch mal so machen.

Dann habe ich einige Ebooks bei Amazon veröffentlicht, was wesentlich lukrativer war bzw. ist, weil keine Kosten außer der eingesetzten Arbeitszeit entstehen und die Einnahmen wesentlich höher sind als sie es bei meinen gebundenen Büchern waren. Amazon versteht es, seine Produkte optimal zu platzieren und zu bewerben.

Ein Ebook von mir – „Grundlagen der Geldanlage mit ETFs" – war sogar eine Zeitlang Bestseller bei Amazon. Durch meine Ebooks habe ich also ein passives Einkommen im niedrigen dreistelligen Bereich.

Aber mit Büchern viel Geld zu verdienen geht nur, wenn man einen echten Bestseller schreibt, der sich hunderttausende von Malen oder sogar millionenfach verkauft. Doch das ist ganz stark zufallsabhängig und nicht programmierbar.

Zahlreiche Beispiele in der Buchbranche zeigen, dass spätere Bestseller, wie zum Beispiel die Harry-Potter-Bücher, zunächst mehrfach abgelehnt wurden, weil die Verlage nicht an ihren Erfolg glaubten.

Andere Manuskripte wurden dagegen angenommen und entwickelten sich zu Flops, die nur Geld kosteten. Auch dafür gibt es zahlreiche Beispiele.

Soviel zu meinen Erfahrungen mit Büchern.

Dr. Jürgen Nawatzki ist Diplom-Kaufmann, Life Coach und Journalist und war früher Finanzberater bei MLP, bevor er seine Liebe zum Schreiben entdeckte. Er betreibt den Finanzblog ETF-Blog.com, in dem es um Geldanlage mit börsengehandelten Indexfonds (ETFs) und den Aufbau einer privaten Altersvorsorge geht.

6.5 Automatisierte Investitionen in P2P Kredite – warum Zeit wichtiger ist als Geld

Von Lars Wrobbel

Mein Name ist Lars Wrobbel, ich bin 33 Jahre alt und von Natur aus sehr faul. Faul wenn es darum geht, sich pausenlos um etwas kümmern zu müssen, denn das bedeutet meistens, dass man sich auch in Zukunft ständig darum kümmern muss. Natürlich beschäftige ich mich gern mit meinem Geld, wer tut das nicht, aber John D. Rockefeller sagte einmal: "Es ist besser, einen Tag im Monat über sein Geld nachzudenken, als einen ganzen Monat dafür zu arbeiten". Und genau so kam ich zu den automatisierten Investitionen mit Hilfe von P2P Krediten. Menschen welche die Fähigkeit besitzen, Prozesse zu automatisieren und ständig zu optimieren, wird die Zukunft gehören.

P2P Kredite - ganz kurz erklärt für die, die es noch nicht kennen - sind Kredite, die über die "Crowd", also eine große Anzahl von Menschen, investiert werden. Ein simples Beispiel: Arno möchte ein neues Auto kaufen, hat aber derzeit nicht die nötigen Mittel dafür. Er stellt dazu auf einer Kreditplattform ein Gesuch ein oder nutzt eine private Kreditvermittlungs-Agentur, die das für ihn tut. Angela, Miriam und Peter suchen dagegen nach guten Anlagemöglichkeiten im Internet, um ihr Vermögen gewinnbringend anzubringen. Die 3 sehen Arnos Gesuch auf der P2P Plattform und investieren in das Projekt. Angela 10, Miriam 50 und Peter 100 Euro. Neben den Dreien gibt es aber auch noch über 200 andere Investoren, die Arnos Projekt sehen und investieren. Ein paar Tage später flitzt Arno mit seinem neuen Cabrio durch die Applauskurve bei der Eisdiele um die Ecke. So oder so ähnlich, läuft jede Transaktion auf einer P2P Plattform ab. Natürlich geht es nicht nur um Autos, sondern auch um Häuser, Zwischenfinanzierungen von Geschäftsrechnungen, Fernseher, Urlaubsreisen und unzählige andere Dinge. Der Fantasie sind momentan kaum noch Grenzen gesetzt, denn P2P Kredite erfahren nach wie vor einen Hype in Deutschland, Europa und der ganzen Welt. Kaum ein Monat vergeht, wo nicht neue Rekordzahlen erreicht werden oder neue P2P Plattformen aus dem Boden sprießen. Ich liebe dieses Thema und deshalb schreibe ich auch darüber auf meinem Blog https://passives-einkommen-mit-p2p.de/. Wenn du dich also näher über die Plattformen und meinen Erfahrungen informieren möchtest, bist du dort genau richtig. Wenn du noch ganz am Anfang stehst, habe ich zusammen mit AktienMitKopf-Star Kolja Barghoorn für dich den Anfänger-Ratgeber und Bestseller "Investieren in P2P Kredite" geschrieben. P2P Kredite also sind eine tolle Möglichkeit, sein Portfolio zu diversifizieren und lohnende Renditen einzufahren.

Ich bin aber kein großer Freund davon, mich mit den Investments im Detail stark zu beschäftigen. Gerade wenn man sein Portfolio stark diversifiziert und vielleicht 100, 200 oder noch mehr Kredite bei einem Anbieter hat, verliert man schnell den Überblick. Und da kommen die sogenannten Portfolio-Builder ins Spiel. Ein Portfolio-Builder ist ein Anlage-Roboter, der die Plattformen nach Investitionen nach deinen Vorgaben durchsucht und automatisiert investiert. Beispiel: Du möchtest in Kredite investieren, die eine maximale Laufzeit von einem Jahr haben und keine Konsumkredite sind. Die Einstellungen variieren von Anbieter zu Anbieter aber so oder so ähnlich kannst du es dir vorstellen. Einmal eingestellt, legt der Portfolio Builder auch direkt los, sein Geld unter die Leute zu bringen. Vollkommen emotionslos. Er prüft keine Bonitäten, Einkommen oder sonst irgendwas. Er macht genau das, was du ihm gesagt hast. Es mag also durchaus mal sein, dass du dadurch einen Kredit erwischt, der nicht sonderlich gut ist, aber auf der anderen Seite sparst du eine Menge Zeit. Zeit die du einsetzen kannst, um dich wiederum mit anderen automatisierten Anlagesystemen auseinanderzusetzen oder dich grundlegend über neue Investments zu informieren, z.B. die momentan ebenso gehypten Kryptowährungen.

Ich weiß, gerade wenn man anderen Menschen, die man nicht kennt, Darlehen geben soll, fällt es einem sehr sehr schwer, nicht jeden Monat zu schauen, ob die Rückzahlungen eingegangen sind. Man traut ihnen nicht, das ist vollkommen natürlich. Aber es ist alles eine Frage der Routine, glaub mir. Wenn du einen Kredit manuell auswählst, monatlich die Rückzahlungen überprüfst, ihn eventuell auf dem Zweitmarkt zum Verkauf stellst, verbrennst du ein Vielfaches des Geldes, was du eigentlich für einen Verlust des Investments bezahlen müsstest. Natürlich reden wir hier nicht von Kredithöhen in schwindelerregenden und existenzbedrohenden Höhen, sondern von Kleinkrediten zwischen 10 und 50 Euro in Massen. Aber generell gilt: auch du hast einen Wert und der ist wesentlich höher als jeder Kredit. Höher als du ihn dir wahrscheinlich vorstellen kannst. Die Portfolio-Builder sind daher eine zukunftsweisende Technologie, die dir nicht nur ein hoffentlich erfolgreiches Investment ermöglichen, sondern dir auch noch jede Menge Zeit sparen (Vertrauen vorausgesetzt).

Mein Zauberwort für ein erfolgreiches Investment ist also die Diversifikation und Automatisierung. Ich verfolge diesen Ansatz bei jedem Investment. Egal in was ich investiere, es wird immer "vielfach" angelegt. Auch das machen die Portfolio Builder auf den P2P Plattformen inzwischen weitestgehend selbst. Ich bin der festen Überzeugung, dass ich mit dieser Strategie am Ende weit besser positioniert bin, als wenn ich mich ständig mit meinem Geld beschäftige und mich zu seinem Sklaven mache. Es mag sein, dass ich am Ende meines Lebens 1 Prozent weniger Vermögen angehäuft habe, als jemand mit einem vergleichbaren Portfolio, der es immer genauestens verfolgt. Dafür habe ich aber vielleicht die Zeit genutzt um aktive Vulkane in Indonesien zu besteigen, Menschen in Afrika kennenzulernen oder meinem Sohn in Norwegen die Nordlichter zu zeigen. Der Preis für die verlorene Zeit steht in keinem Verhältnis zum erwirtschafteten "Vorteil". Und, was noch hinzu kommt: dass eine manuell gesteuerte Strategie ein erfolgreicheres Endergebnis hat, ist keinesfalls gesichert. Meine extrem passive und automatische Strategie kann am Ende durchaus die Nase vorn haben. Erinnere dich im Vergleich an die aktiv gemanagten Fonds im Gegensatz zu den passiven ETFs. In der Regel fahren die passiven Investments deutlich besser. Auch meine eigenen Erfahrungen zeigen das zum Teil. Als ich anfing in P2P Kredite zu investieren, habe ich noch manuell investiert. Ich habe also jeden Tag nach Krediten geschaut und diese geprüft. Nach einiger Zeit bin ich zu den automatischen Investments übergegangen. Heute, wo ein paar Jahre ins Land gezogen sind, fallen meine manuellen Investments deutlich ab. Natürlich wird das nur ein blöder Zufall sein, aber es zeigt mir wieder, wie wertvoll meine Zeit ist und wie achtlos ich sie damals in dem Glauben wegwarf, dass ich aktiv eine bessere Performance erreichen könnte. Auch die Plattformen sehen das mittlerweile so. Es gibt Anbieter, bei denen ein manuelles Investment heutzutage gar nicht mehr möglich ist.

Vergiss also niemals: Ein Investment kommt wieder, deine Zeit nicht. Ich spreche hier bewusst von "Investment" und nicht von Kredit, denn dieser Grundsatz gilt im Grunde für jede Geldanlage. Natürlich musst du von Natur aus unterschiedlich viel Zeit in deine Geldanlagen stecken. Aber meiner Meinung nach, solltest du bestrebt sein, immer so wenig Zeit wie möglich zu investieren und die zukunftsweisenden Automatisierungstechniken nutzen, die dir zur Verfügung gestellt werden. Bei Aktien, P2P Krediten und Kryptowährungen sind mir die zeitlichen Abkürzungen mittlerweile bekannt, aber ich bin mir auch ziemlich sicher, dass es bei jeder Art der Geldanlage bestimmte Techniken oder Möglichkeiten gibt, um Zeit einzusparen.

6.6 Honorarberatung und Bloggen mit Christoph Geiler von Finanzküche

Vertrauen: Entscheidender Erfolgsfaktor der Digitalisierung

Geld und Vertrauen sind untrennbar miteinander verbunden. Geht der Glaube an ein Zahlungsmittel verloren, kehrt es zu seinem inneren Wert zurück. Dieser ist in unserem aktuellen Geldsystem nahezu Null ...

Vertrauen spielt im Finanzsektor also die entscheidende Rolle und Vertrauen ist es letztlich auch, was meine Mandanten mir gegenüber entwickeln müssen. Nur dann sind sie bereit, mit mir zusammenzuarbeiten.

Ich bin Christoph Geiler, 89er Baujahr, Blogger und Finanzberater (www.finanzkueche.de). In diesem Abschnitt des Buches geht es darum, wie ich es geschafft habe, online Mandanten zu gewinnen, zu beraten und zu binden. Das Gewinnen von Vertrauen spielt dabei die entscheidende Rolle.

Alles beginnt mit einem ersten Schritt

Die ersten Erfahrungen in der Finanzberatung sammelte ich ganz klassisch. „Schau dir das mal an." sagte mir ein guter Freund immer wieder und meinte damit seinen Strukturvertrieb. Irgendwann gab ich nach und fand mich in einem hübschen Büro in guter Lage wieder. Was mir die Führungskraft meines Freundes erzählte, faszinierte mich:

Durch ausgeklügelte Produkte konnten wir für unsere Kunden an der Börse ein Vermögen aufbauen.

Zumindest glaubte ich diese Geschichte eine Weile lang. Dass die meisten unserer strukturierten Produkte derart hohe Kosten hatten, dass bei unseren Kunden nichts ankam, erkannte ich damals noch nicht und so machte ich mich begeistert an die Arbeit. Ich sprach mit Freunden und suchte nach Gelegenheiten, mein Umfeld zu erweitern. Das Ziel war, so viele Beratungstermine wie möglich zu bekommen, was erstaunlich gut funktionierte. Es funktionierte, weil die Menschen mir vertrauten.

Mit der Zeit ließ meine Euphorie allerdings nach. Ich bekam spitz, dass unsere Produkte nicht hielten, was sie versprachen. Die verkaufsgesteuerten Beratungsgespräche störten mich immer mehr. In der Folge verließ ich den Vertrieb und begann meinen eigenen Weg ...

Drei Dinge habe ich aus dieser Zeit mitgenommen:

1. Die Liebe zur Finanzbranche
2. Den Willen, Menschen zu helfen, ihre finanzielle Situation so effizient wie möglich zu gestalten
3. Die bereits angesprochene Erkenntnis, dass Vertrauen entscheidend ist

Von offline zu online: Kundengewinnung im Internet

Nach meinem Austritt aus dem Vertrieb stand ich wieder bei null. Ich hatte weder das Wissen, noch die Mittel, eine Beratung durchzuführen, die meinen Ansprüchen genügte. Darüber hinaus stand die Frage im Raum, wie ich Kunden gewinnen sollte. Mein Umfeld wollte ich nach den gemachten Erfahrungen außen vor lassen und Kaltakquise hasste ich wie die Pest.

Durch Zufall rückte das Thema Blog in meinen Fokus. Nach einiger Überlegung erschien mir ein Blog als das ideale Werkzeug, um meine Erfahrungen zu rekapitulieren und gleichzeitig andere auf mich aufmerksam zu machen. Ich sollte Recht behalten ...

Nach einem müden Start fanden immer mehr Leser den Weg auf die Finanzküche. Wichtig dabei war und ist, authentisch zu sein. Wer als Blogger zu sich steht, wird mit Lesern belohnt, die ähnlich ticken wie er. Und das ist die große Stärke dieser Form des Content-Marketings:

Du bekommst Kunden, die mit dir auf einer Wellenlänge liegen.

Durch das Teilen von persönlichen Inhalten bekommen potentielle Mandanten das Gefühl, dich zu kennen. Die fachlichen Inhalte zeigen ihm, dass du kompetent bist. Das Ergebnis ist mit der Zeit Vertrauen. Und Vertrauen ist die Grundlage für eine erfolgreiche Zusammenarbeit. Ein simples Prinzip.

Ortsunabhängige Beratung professionell umsetzen

Deutschlandweit Kunden zu gewinnen, birgt die Herausforderung diese zu beraten, ohne vor Ort zu sein. Die Kunst ist, dass im Vorfeld gewonnene Vertrauen weiter zu stärken und die Ansprüche der Mandanten im Idealfall zu übertreffen. Persönliche Kompetenz und ein reibungsloser technischer Ablauf sind dafür die tragenden Säulen. Dank zahlreicher moderner Softwarelösungen ist Onlineberatung heutzutage ein Kinderspiel. Wichtig ist die Einbindung einer Webcam. Da uns in der Onlinewelt die Sinne Fühlen und Riechen abhanden gehen, ist der Sehsinn umso wichtiger. Die Gespräche können für die Dokumentation einfach aufgenommen werden, ein riesiger Vorteil gegenüber der Beratung vor Ort. Physische Post kann durch digitale Kundenordner auf ein Minimum reduziert werden. Ein Medienbruch ist nur noch nötig, wenn Unterschriften unablässig sind. Dieses Problem wird sich durch die Verbreitung von digitalen Unterschriften in Zukunft verflüchtigen. Schwieriger als die Erstellung eines sauberen technischen Ablaufs ist der Aufbau von Kompetenz. Neben dem Selbststudium ist es unabdingbar, öffentlich anerkannte Qualifikationen zu erwerben, um weiteres Know-how und vor allem Vertrauen aufzubauen. Das kostet Zeit und Geld. Ich habe mittlerweile einen fünfstelligen Betrag in meine Ausbildung gesteckt und das in der Gründungsphase, wo jeder ausgegebene Euro und jede investierte Minute schmerzt. Langfristig bringt die Investition in Wissen allerdings einen eklatanten Wettbewerbsvorteil. Die wenigsten Finanzberater haben keine adäquate Ausbildung, denn wer höhere Bildungsabschlüsse vorzuweisen hat, zieht sich meist aus dem direkten Kundenkontakt zurück und übernimmt Führungsaufgaben.

Wettbewerbsvorteil gegenüber Robo Advisors und Banken

Kommen die Punkte:

- Vertrauen,
- Kompetenz,

- Sauberer Beratungsprozess

zusammen, entsteht ein Wettbewerbsvorteil gegenüber Robo Advisors, Banken und den meisten Beratern.

Robo Advisors haben das Problem, dass sie keinen persönlichen Ansprechpartner bieten. Wer das entsprechende Vorwissen hat, setzt seine Geldanlage selbst um. Kunden ohne Vorwissen suchen sich in der Mehrzahl einen Berater. Als Zielgruppen bleiben damit durchschnittlich informierte Kunden und Kunden ohne Vorwissen, die sich einen Berater sparen wollen. Das Problem, welches ich hier sehe, ist, dass eben diese Kundengruppen ohne ausreichende Beratung und einen laufenden Ansprechpartner bei größeren Marktverwerfungen dazu neigen, ihre Investments vorzeitig zu beenden und mit Verlust zu verkaufen. Das Ergebnis ist eine negative Investmenterfahrung. Hinzu kommt, dass deutsche Robo Advisors noch deutlich zu teuer sind. Die laufende Gebühr von aktuell 0,75 Prozent zuzüglich der Fondskosten des Marktführers Scalable Capital bewegt sich im Bereich von normalen Finanzberatern und Vermögensverwaltern, nur das man dort einen persönlichen Ansprechpartner hat.

Erfolgreich aufstellen können sich Robo Advisors in naher Zukunft in der Zusammenarbeit mit größeren Unternehmen. Das zeigt beispielsweise die Kooperation von Scalable Capital im Bereich der betrieblichen Altersvorsorge. Im direkten Kontakt mit dem Endkunden haben derzeit noch andere Marktteilnehmer die Nase vorn.

Banken haben noch einmal ihre ganz eigenen Probleme. In der Vergangenheit wurde viel Vertrauen verspielt, was nun Stück für Stück zurückgewonnen werden muss. Mittlerweile hat beispielsweise die Deutsche Bank die Zeichen der Zeit erkannt und Filialen aufgebaut, die sich ausschließlich auf die Onlineberatung konzentrieren. Das ändert allerdings nichts an den produktabhängigen Beratungen. Solange Banken ihren Mandanten keine neutrale Beratung garantieren können, werden kompetente unabhängige Berater leichtes Spiel haben, sich am Markt zu positionieren. Das können auch millionenschwere Werbebudgets nicht ändern.

Blick in die Zukunft

Das Wort Disruption ist in der Gründerszene in aller Munde. Ganze Branchen und Geschäftsmodelle sollen revolutioniert werden. Für viele Start-ups ist das noch bloßes Anspruchsdenken, das in der Realität immer wieder an seine Grenzen stößt. Es besteht allerdings kein Zweifel, dass diese Grenzen sich immer weiter verschieben werden. Wer in Zukunft am Markt bestehen will, muss sich flexibel anpassen können, sein Know-how ständig erweitern und seine Kunden fest an sich binden. Die Erfolgsfaktoren sind ein authentischer und kompetenter Internetauftritt, ständige Weiterbildung und reibungslose technische Abläufe in der Beratung.

In der anonymen Welt des Internets ist Vertrauen die einzige Währung, die zählt.

7 FinanzyouTuber im Kommen - „Influencer Marketing"

Ein immer wichtiger werdendes Thema im Bereich der Kommunikation ist der YouTube Kanal. Mit diesem visuellen Video Format kann man mit wenig Aufwand, einer guten Aufmachung und einem eloquenten kameratauglichen Auftritt einiges an Zuhörern erreichen und sich sukzessive eine Reichweite und Abonnentenzahl aufbauen. Man muss jedoch einige Regeln beachten, ein gutes Equipment besitzen, im regelmäßigen Turnus gut aufbereitete Themengebiete präsentieren und sich vor der Kamera wohlfühlen. Zusätzlich baut man sich dadurch ein Renomee auf und kann es schaffen zu einem Influencer zu werden. Was bedeutet das Wort „Influencer" überhaupt?

Es stammt aus dem englischen Fachbegriff to influence also „beeinflussen". Ein Influencer ist eine Person, welche aufgrund der starken Präsenz in den sozialen Medien und einem hohen Ansehen (Prestige) für Kommerzialisierungszwecke in Frage kommt. Sie sind Meinungsführer in Ihrem Fachgebiet und haben eine enorme Reichweite und Einfluss auf andere Personen, die dem Influencer „folgen". Sei es im Facebook auf der Fanpage mit einem „Like", auf dem YouTube Kanal als „Abonnent" oder bei Instagram als „Follower". Ab welcher Reichweite spricht man denn von Influencer und wieviel Anhänger braucht man dazu? Wie ich mitbekommen habe, ist der Berufswunsch jeden dritten Schülers heutzutage „YouTuber" zu werden und damit Geld zu verdienen. Diese Zahl hat mich wirklich überrascht und zeigt mir eindeutig die Präsenz und Kraft dieses Kommunikationskanals. Die Umfrage ist jedoch nicht aussagekräftig und lediglich von einer Umfrage einer achten Klasse meines Cousins heraus entstanden. Dies fand ich aber schon sehr spannend aufgrund dessen, wie es gesellschaftlich im privaten und beruflichen Umfeld zukünftig weitergeht.

Als Influencer auf YouTube braucht man mindestens 10.000 Abonnenten um diesen Status zu erreichen, je nach Genre und Themengebiet variiert dies natürlich extrem. Auf Instagram benötigt man auch mindestens 10.000-15.000 Follower um für Firmen interessant zu werden. Hat der Influencer diesen Status beispielsweise auf der Plattform Instagram erreicht, kann man gezielte Produktplatzierungen via Bilder kommunizieren und bekommt im Gegenzug eine monetäre Zuwendung von der auftraggebenden Firma. Wenn man bei YouTube mehr als 10.000 Abonnenten hat, kann man gezielt seine eigenen Produkte offerieren und damit Geld verdienen. Je nach Genre und Konkurrenz kann man dies nicht genau festmachen, ab welcher Abonnentenzahl der Rubel rollt. Sei es ein Buch, Coaching, Onlineseminare, einen Börsenbrief vermarkten oder bezahlte Werbung bei Videos zwischenschalten. Sozusagen ist YouTube mittlerweile ein sehr effizientes, wenn nicht sogar der effektivste Marketingkanal um sich Anhänger aufzubauen und langfristig damit Geld zu generieren. Zusätzlich hält man seine Abonnenten auf dem Laufenden mit aktuellen Themen und kann die Videos sehr schnell platzieren und online stellen.

7.1 Mein YouTube-Kanal

Von Florian Günther

Mein Name ist Florian Günther und ich betreibe die Homepage www.investorenausbildung.de, eine Plattform für ganzheitliche finanzielle Bildung. Florian bat mich im Rahmen meiner eigenen Buchprojekte (wo auch er einen Gastbeitrag geschrieben hat: „Auf der Suche nach Rendite" und „Handbuch der Aktienanalyse") um einen Beitrag bei seinem neuen Buch. Dieser Bitte komme ich sehr gerne nach.

In meinem bisherigen Job als Banker ging es viel um Zahlen. Angefangen bei der „gewöhnlichen Wohnbaufinanzierung" bis hin zu komplexen Unternehmensübernahmen durfte ich bereits viele Finanztransaktionen aus der mittlerweile ungeliebten Position des Bankers begleiten. Mein Wissen gebe ich in verschiedensten Formen weiter. Eine dieser Formen ist mein YouTube Kanal. Diesen Kanal bearbeite ich bereits seit Beginn meiner „Blogger Karriere". Vor allem zu Beginn war das recht ungewöhnlich. Der „Monolog" vor einer Kamera ist am Anfang noch etwas merkwürdig. Mir war beim Start nicht klar, dass YouTube die zweitgrößte Suchmaschine (nach google – wobei beide Unternehmen zu Alphabet gehören) ist. Als mir aber die Bedeutung von YouTube bewusst wurde, wollte ich den Kanal „mit Leben füllen". Circa ein Jahr nach Veröffentlichung meiner ersten Beiträge freue ich mich jetzt jedoch, dass immer mehr Besucher durch YouTube auf mein Projekt aufmerksam werden.

Vor allem der Anfang bei YouTube ist schwer. Es fehlt ganz einfach die Relevanz des eigenen Kanals und die Konkurrenz ist sehr groß. Meine ersten Videos wurden von 5 Zuschauern gesehen. Das war nicht sehr motivierend. Da heißt es einfach dranbleiben und die Videos und das Equipment immer weiter zu verbessern. Der Hauptfokus sollte jedoch in den Inhalten liegen.

Letztlich dreht sich bei „YouTubern" vieles um die folgenden Fragen:

- Wie baut man Reichweite mit dem Kanal auf?
- Wie kann man YouTube monetarisieren?
- Wie steigere ich meine Abonnentenzahl?
- Welche Ziele werden allgemein verfolgt?
- Warum ist YouTube ein wertvoller Marketing Kanal?
- Lohnt sich der hohe Arbeitsaufwand?

Wie baut man Reichweite mit dem Kanal auf?

Grundsätzlich gibt es zwei Wege: Quantität und Qualität. Und am schnellsten erzielt man Reichweite, indem man viele hoch interessante und qualitativ ansprechende Videos produziert. Dabei kann Menge und Qualität auch im Widerspruch stehen. Im Zweifel sollte man als Influencer auf jeden Fall die Qualität erhöhen, bevor einfach nur viele inhaltlose Videos veröffentlicht werden.

Wie kann man YouTube monetarisieren?

Letztlich gibt es viele Möglichkeiten. Der einfachste Weg ist dabei das Ausspielen von Werbung in den YouTube Filmen durch Google Adsense. Diese Funktion kann über das

Google Konto aktiviert werden. Leider wurden die Richtlinien für diese Werbemöglichkeit jedoch vor kurzem stark eingeschränkt. Google versucht damit auf wachsende Kritik hinsichtlich Werbung in unseriösen Videos zu reagieren. Man sollte sich jedoch auch immer bewusst machen, dass Google grundsätzlich thematisch passende Werbeinhalte versucht auszuspielen. Es ist daher durchaus möglich, dass Zuschauer Inhalte angezeigt bekommen, die der Kanalbetreiber eigentlich nicht zeigen möchte. Die Werbehoheit über den YouTube Kanal wird immer bei Google bleiben.

Weitere Möglichkeiten sind

Wie steigere ich meine Abonnentenzahl?

Ein Abonnement von einem Zuschauer zu erhalten ist grundsätzlich eine tolle Sache für den YouTube Kanal. Der Vorteil im Abo liegt in den wiederkehrenden Zuschauern. Eine gewisse Klickrate für neue Videos ist somit quasi vorprogrammiert.

Wie kann man die Abonnentenzahl erhöhen? Ganz einfach - FRAGEN. Die größten Erfolge kann man mit einfacher und direkter Ansprache im Video erzielen. YouTube hat inzwischen bereits tolle Vorlagen für automatisch erscheinende Abo-Buttons programmiert und bietet somit eine tolle Unterstützung.

Welche Ziele werden allgemein verfolgt?

Ein YouTube Kanal kann grundsätzlich vieles sein. Wichtig sind die Ziele, die man mit dem Kanal verfolgt. Er kann beim Aufbau von Reichweite einer eigenen Homepage helfen, er kann Einnahme erzielen oder lediglich ein Info- oder Fun-Kanal sein. Man sollte die Zuschauer jedoch stets da

„abholen", wo sie die Inhalte vermuten. Ansonsten kommt es zu hohen Absprungraten während des Videos und eventuell auch zu negativen Feedbacks (Daumen runter).

Warum ist YouTube ein wertvoller Marketing Kanal?

YouTube ist ein wertvoller Kanal, weil er eine hohe Reichweite für die Influencer verspricht. Die Konkurrenz ist inzwischen jedoch so groß, dass man tolle Inhalte produzieren muss, um einigermaßen Reichweite zu erhalten. YouTuber, die ihre Kanäle bereits vor Jahren gestartet haben, besitzen heute einen gewissen Vorteil und können quasi von den „Zinseszinsen des Internets leben". Vor allem für die Finanzbranche ist YouTube ein wichtiger Kanal. Da die Produkte und Inhalte (im Vergleich zu einem Autohersteller) quasi immer „nicht haptisch", also nicht greifbar sind, ist es wichtig, den Inhalten ein „Gesicht zu geben". YouTube bietet die Chance, Vertrauen bei den Kunden und Interessenten aufzubauen. Die Video Botschaften bleiben durch die vielseitige Ansprache (Visuell und Auditiv) auch viel besser im Gedächtnis.

Lohnt sich der hohe Arbeitsaufwand?

Der Aufwand für ein inhaltlich gutes Video ist schon sehr groß. Es sollen nicht haltlose Inhalte über den Kanal gestreut werden. Dies würde auch zu einem Desinteresse am Kanal führen und man könnte sich die Arbeit gleich sparen. Die Arbeit mit dem Schneiden, Inserieren und dem Veröffentlichen der Videos ist schon sehr aufwendig. Die Frage nach dem „lohnen" ist daher sicherlich berechtigt. Wer jedoch nicht bereit ist, einige Stunden für Recherche und dem Erstellen der Videos zu opfern, der sollte sich lieber nach anderen Möglichkeiten der Vermarktung umsehen. Es ist bei YouTube wie bei allen anderen Dingen im Leben: Zuerst muss man sähen, um anschließend ernten zu können.

Wie setze ich das Thema Finanzen auf meinem Kanal um? Im Wesentlichen gibt es vier große „Überschriften" zu meinen Videos:

- Interviews
- Buchvorstellungen
- Unternehmensanalysen
- Allgemeine Inhalte zu finanziellen Themen

Interviews

Bereits Sokrates sagte:

„Der Kluge lernt aus allem und von jedem, der Normale aus seinen Erfahrungen und der Dumme weiß alles besser"

Ich möchte mein Wissen ständig erweitern und probiere auch Dinge aus, die sich im Anschluss als absolut ungeeignet für mich herausstellen (z. B. Daytrading). Es ist mir jedoch bewusst, dass es einige Menschen gibt, die absolut tolle und spezielle Fähigkeiten besitzen, von denen man viel lernen kann. Diese Menschen versuche ich dann (aus sehr egoistischen Motiven: wie kann ich mehr lernen?) vor die Kamera zu bekommen. Meine Leser und Zuschauer haben dadurch den Vorteil, nicht nur Themen rund um das Thema Value Investing (mein persönliches „Steckenpferd") zu erlernen. Durch die Interviews und Videos mit Spezialisten aus zum Teil recht speziellen „Finanznischen", kann ich ein breit gefächertes Angebot bieten. Ich erziele mit diesen Interviews also eine absolute Win-Win-Situation: Ich lerne und meine Zuschauer auch.

Equipment

Ich nutze mein Iphone 7 als Kamera. Durch Feedbacks der Zuschauer habe ich jedoch immer mehr Zubehör zugekauft. Heute habe ich zwei LED-Video- Leuchten und ein Lavaliermikro. Zeichnungen werden auf einem Flipchart aufgezeichnet und auf „Greenscreen" verzichte ich aktuell (obwohl ich eines gekauft habe) – hier ist mir der Aufwand einfach zu groß und irgendwie habe ich das Gefühl, dass ein künstlicher Hintergrund nicht so authentisch beim Publikum ankommt.

Allgemeine Inhalte zu finanziellen Themen

Ich persönlich habe die Erfahrung gemacht, dass sich Inhalte am besten umsetzen lassen, wenn vorab alle vier Lerntypen angesprochen wurden

- Visuell (Blog und YouTube)
- Auditiv (Podcast und YouTube)
- Kommunikativ (mit Kollegen und anderen Bloggern)
- Motorisch (z. B. Hörbücher beim Laufen)

Wenn alle Lerntypen angesprochen werden, dann ist das erfolgreiche Umsetzen umso einfacher. Von daher möchte ich meine wichtigsten Beiträge auch im Filmformat anbieten. Verbreitet werden meine Filme über meinen Blog,

Newsletter und diverse Social-Media-Kanäle wie z. B. Facebook und Twitter. Ich kann jedem Blogger das Medium YouTube empfehlen. Zu Beginn ist das Erstellen der Videos sehr mühselig. Mit der Zeit wird man jedoch besser und besser. Um mehr Reichweite zu erhalten, arbeite ich mit anderen YouTubern zusammen. Wir teilen unsere Inhalte gegenseitig und wachsen so gemeinsam.

In jedem Fall kann ich sagen, dass der digitale Wandel große Chancen bietet. Angst zu haben oder stehen zu bleiben ist absolut kontraproduktiv. Es geht einfach nur darum zu starten. Perfektionismus und eigene Eitelkeit sind dabei nicht zielführend. Und wenn man über seine eigenen Fehler lachen kann und diese auch noch proaktiv anspricht, so kann das Publikum nicht anders als mit einem zu lachen.

8 Appendix A: Über den Autor

Florian Müller

Dipl. Kfm. Florian Müller ist seit ein paar Jahren in der Hochfinanz tätig. Mittlerweile hat er einen eigenen Blog: www.boerseneinmaleins.de eine Businesspage www.florian-mueller-business.de und ein Vergleichsportal für digitale Vermögensverwalter www.robovergleich.de ins Leben gerufen. Zudem hat er mehrere Bücher zur Börse für Anfänger und Fortgeschrittene geschrieben.

Foto: Stephan Maka Email: life.photo@web.de

9 Appendix B: Glossar

Abonnent — Eine Person, welche einem bestimmten Kanal folgt und laufend informiert werden möchte, sobald ein neues Video, Beitrag erschienen ist

Advertorials — Ein redaktionell erstellter Absatz einer Werbeanzeige, der den Anschein eines Beitrags erzeugen soll

Affiliate — Internetgestützte Vertriebsarten, bei dem ein kommerzieller Anbieter einen Vertriebspartner durch Provisionen vergütet

Aktie — Anteil an einer Aktiengesellschaft (AG), die durch Ausgabe von Anteilsscheinen Kapital beschafft

Backlink — Ein Hyperlink, welcher von einer Website auf eine andere Webseite verweist

Big Data — Hier werden große Datenmengen gesammelt, verarbeitet und zielgerichtet zum gewünschten Einsatz genutzt

Blockchain Technology — Die Charakteristik liegt in der Dezentralität, der Unveränderlichkeit und der Transparenz. Blockchain ist das Rückgrat der Kryptowährungen und bietet die Grundlage der digitalen Währungen

Blog — Ein auf einer Webseite öffentlich einsehbares Tagebuch oder Journal, welches von mindestens einer Person (Blogger) gepflegt wird und verschiedene Themen beleuchtet. Sei es im Beitragsformat als Schrift, als Podcast oder als Video

Chatbots — Ein Roboter, der die Kommunikation mit dem Interessenten oder Endkunden führt

Cloud Computing — Im engeren Sinne Speicherplatz, Anwendungssoftware oder Rechenleistung als Dienstleistung über das Internet

Cost per Lead — Kosten, die man aufbringen muss um ein Lead (eine Kontaktadresse) zu bekommen

Cost per Sale — Kosten, die man aufbringen muss, um einen Verkauf zu generieren

Dashboard — Eine Benutzeroberfläche mit den wichtigsten Funktionen und Übersichten im Sichtfeld des Anwenders

Deep Learning — Die Fähigkeit des Computers, Algorithmen, die hinter einem System stecken, aus der Erfahrungswerten der Vergangenheit weiterzuentwickeln und daraus zu lernen

Digital Natives — Eine Person, welche im Zeitalter der digitalen Welt bereits aufgewachsen ist und nichts anderes kennt

Disruptive Technologie — Dies sind Unternehmen, die bestehende Technologien, Produkte oder Dienstleistungen anzweifeln und möglicherweise komplett verdrängen

Everything bubble — Die Vermögensblasen, welche in sämtlichen Märkten durch das billig geschöpfte Geld entstanden sind - Aktien, Immobilien, Kunst etc.

FIAT Money — Ein offizielles Zahlungsmittel, oftmals Banknoten, welches aber keinen inneren Wert hat, aufgrund der Glaubwürdigkeit aber genutzt wird,um Waren und Dienstleistungen zu beziehen

Fintech — Die Abkürzung für Financial Technology, also auf Deutsch computergestützte Finanztechnologie oder innovative Finanzunternehmen

Freebie — Ein kostenloses Dokument, welches vom Anbieter dem Endkunden angeboten wird. Im Gegenzug muss oftmals eine Gegenleistung erfolgen in Form von Kontakt- oder Adressdaten etc.

Generation Z — Die Generation, welche zwischen 2000-2015 das Licht der Welt erblickte

Google Adsense — Bezahlte Werbung außerhalb der hauseigenen Google Angebote

Google Adwords — Bezahlte Anzeigenkampagnen auf Google, die sich positiv auf das Ergebnis in der Suchleiste von Google auswirken

Government Shutdown — Teilweise Stillstand einiger öffentlicher Verwaltungsakte in den USA, aufgrund des Überschreitens der Schuldengrenze

Hash — Ist die Umwandlung der Information eines Vorgängerblocks in eine kurze definierte Zeichenfolge

Impressionen — Eine Impression auf Facebook gibt an, wie oft eine Werbeanzeige zum ersten Mal auf einem Bildschirm angezeigt wird

Influencer — Ein Influencer ist eine Person, welche aufgrund der starken Präsenz in den sozialen Medien und einem hohen Ansehen (Prestige) für Kommerzialisierungszwecke seitens werbender Unternehmen in Frage kommt

Initial Coin Offering (ICO) — Die Kapitalaufnahme, welche primär von den unregulierten Märkten der Kryptowährungen genutzt wird, um Gelder einzusammeln

Keyword — Ein spezifisches Schlüsselwort, nach dem gesucht wird, wenn man es in der Suchleiste eingibt

Micropayment — Eine Vertriebsvergütung aufgrund einer Kontaktherstellung oder eines indirekten Verkaufs eines Produkts oder einer Dienstleistung

Millennials — Die Generation, welche um die Jahrtausendwende zur Welt kam, round about plus/ minus 5 Jahre. Eine einheitliche Definition gibt es hierfür nicht

Organische Suche — Ein Nutzer gibt in der Suchleiste ein Begriff oder Keyword auf einer Seite ein (Google, Amazon etc.) und landet bzw. klickt auf das Video oder deinen Beitrag, der mit diesem Begriff hinterlegt ist und in der Suchleiste angezeigt wird

Pay per Lead — Finanzielle Zuwendung für einen Datensatz von einem Kontakt, der über mich darauf aufmerksam geworden ist

Pay per Sale — Finanzielle Zuwendung für den Verkauf eines fremden Produkts an einen Kontakt, der über mich darauf aufmerksam geworden ist

Peer to Peer Netzwerk — Mehrere Teilnehmer, welche gleichberechtigt in einer Blockchain agieren

Podcast — Anbieten von Mediendateien (Audio und Video) über das Internet

Robo Advisor — Ein Dienstleistungsunternehmen im Finanzsektor, welches Prozesse automatisieren und digitalisieren möchte. Das Wort setzt sich aus Robo = Roboter und Advisor (Beratung) zusammen

SEO — Search Engine Optimization oder Suchmaschinenoptimierung für Google. Texte können so bearbeitet werden, dass sie in der Suchleiste bei Google weiter nach vorne gelangen

Sponsored Post — Ein gesponserter Artikel (bezahlter Werbeartikel), welcher klar durch den Ausdruck „Sponsored Post" deklariert wird

Track Rekord — Ein historischer Performance / Renditeabgleich eines Investmentprodukts über ein bis fünf Jahre um den Vergleich mit anderen Investmentprodukten und deren Rendite zu vergleichen

Tutorial — Eine virale Gebrauchsanleitung, welche durch Filmmaterial oder einer schriftlichen Ausarbeitung im Internet zur Verfügung gestellt wird

USP — Unique Selling Point, auf Deutsch Alleinstellungsmerkmal

Venture Capital — Risikokapital, welches von Privatpersonen, Institutionen oder Firmen bereitgestellt wird, um dem Empfänger für Investitionen zur Verfügung zu stehen

Wallet — Digitaler Geldbeutel

White Label Lösungen — Einbindung eines fremden Dienstes in Verknüpfung der eigenen Online Produktpalette durch Anpassung von Layout und Konzept gegen Entgelt

Danksagung

Ich danke meiner Familie, insbesondere meiner Mutter, die mich in letzter Zeit sehr unterstützt hat und mir seit einigen Jahren den Rücken freihält. Zudem danke ich meinem Team, insbesondere meinem Lektor Alexander Hoffmann, meinen lieben Bloggerfreunden, die mich mit besonderen Gastbeiträgen unterstützt haben und Raphael Hug, der in meinen Augen ein einzigartiges Cover erstellt hat. Weiterer Dank gilt an Jens Corssen, ein Mentaltrainer und Psychologe, der mir mit seinen Hörbüchern stets den richtigen Weg aufgezeigt hat. Auch möchte ich an dieser Stelle Herrn Kai Heinrich (Vorstand der Plutos AG) danken, der mich seit einem Jahr umfassend unterstützt. Desweiterem möchte ich speziell meinen engsten Freunden danken, denen ich in diesem Jahr so wenig Zuneigung und Zeit entgegenbringen konnte, die allerdings vollstes Verständnis zeigten - danke dir Maximilian, Robert, Michael und Marcel. Durch euch habe ich immer neue Energie auftanken können. Ich weiß dies zu schätzen. Zudem danke ich Herrn Hermann Simon (Geschäftsführer Villa Lessing – Liberale Stiftung Saar) dafür, dass er mich seit meinem Studium mental begleitet und fördert. In diesem Zusammenhang auch einen Dank an den gesamten Club von Round Table. Ein besonderer Dank gilt auch an dem kompletten Team der Azemos Vermögensmanagement GmbH in Offenburg, zu dem ich seit einigen Jahren ein gutes freundschaftliches Verhältnis pflege.